»Die Naschkatze im Streuselmond«

Der Anschnitt des Kuchens – immer wieder ein köstliches Ritual.

Marianne Saul

DuMont's schmackhafter Ratgeber für vergnügte Kuchenbäcker

»Die Naschkatze im Streuselmond«

Mit Photographien von
Johannes Booz und Volker Strüh
und einem Vorwort von
Peter Glaser

DuMont Buchverlag Köln

Danksagung
Bei allen hier aufgeführten Freunden und anderen liebenswerten Menschen möchte ich mich für ihre Mithilfe beim Zustande-
kommen dieses Buches herzlich bedanken: Amon; Heidi van den Berg; Lydia Dappen; Ruth Ginster; Gabi Graf; Margitta
Hösel; Susanne Huhn (Handmodell-Assistenz); Petra Huhwald (Handmodell); Susanne Jödden (Handmodell); Ines Kaiser
und Babette Koch (vom Blauen Lädchen, Friesenwall, Köln); Susi Mordos; Eva Strüh; Ralph (von Unikate); Jürgen Raap.
Besonderen Dank schulde ich auch Heidi Reichert, mit der ich gemeinsam die ersten vier Kuchen (»Junges Gemüse« und
»Naschkatze«, »Freitag« und »Inschallah«) entworfen und gebacken habe.

Die Photographien des Bandes stammen von
Klaus Arras
Johannes Booz
Robert Holtorf
Volker Strüh

Die Gedichte von H. C. Artmann, Heinz Erhardt und Pablo Neruda wurden mit freundlicher Genehmigung der Verlage
veröffentlicht:

H. C. Artmann, »teufel teufel teufel«, © aus: »Ein lilienweißer Brief aus Lincolnshire«, Suhrkamp Verlag, Frankfurt am Main.

Heinz Erhardt, »Die Sänderin«, © Fackelträger Verlag, Hannover.

Pablo Neruda, »Ode an die Tomate«, © aus: »Das lyrische Werk«, Band 2, 1985, Hermann Luchterhand Verlag, Darmstadt
und Neuwied.

CIP-Kurztitelaufnahme der Deutschen Bibliothek

Saul, Marianne
DuMont's schmackhafter Ratgeber für vergnügte
Kuchenbäcker: »d. Naschkatze im Streuselmond« /
mit Photogr. von Johannes Booz u. Volker Strüh u. e.
Vorw. von Peter Glaser. Marianne Saul. – Köln :
DuMont, 1986.
  (Studio DuMont)
  ISBN 3-7701-1922-3

NE: Strüh, Volker: Booz, Johannes [Mitarb.]

© 1986 DuMont Buchverlag, Köln
Alle Rechte vorbehalten
Reproduktion: Litho Köcher, Köln
Satz und Druck: Rasch, Bramsche
Buchbinderische Verarbeitung: Hunke & Schröder, Iserlohn

Printed in Germany   ISBN 3-7701-1922-3

Inhalt

Eine kleine Kulturgeschichte der Süße

»Der Geist bringt Sterblichen die Liebe,
Der Magen aber bringt das Glück.«
(Dorat »Sprüche«, 18. Jahrhundert)

Durchforscht man die Ahnenreihe von Kuchen und Torte, so tritt zutage, was deren eigentliches Wesen ausmacht: das Süße. Bereits der erste Mensch erlag im Sündenfall den Lockungen der Fruchtsüße. So rief noch zu Anfang des 10. Jahrhunderts im Kloster zu St. Gallen die dortige Wendilgart, Gemahlin des Udalrich von Buchhorn (deren undamenhafte Gier nach Süßigkeiten uns überliefert ist), nachdem sie in einen aus der Wandtäfelung gesprungenen Wunder-Apfel gebissen hatte, aus: »Oh, Heilige Mutter Gottes, wie bist du herb! Hätte der Schöpfer den Apfel des Paradieses so sauer geschaffen, wäre Eva niemals in Versuchung geraten.« Für die Technologien der Versuchung hat die Erfindung der Torte gewiß dieselbe epochale Bedeutung gehabt wie die Erfindung des Rads für die Mechanik. Die Geschichte des Süßen aber führt uns erst noch Jahrhunderttausende vor den Anbeginn der Menschheit zurück, bis in die Backofenhitze der Uratmosphäre.

In diesem Zeitalter entstand eine bemerkenswerte chemische Verbindung, deren Moleküle die Form einer Doppelwendeltreppe haben, und die zum Grundbaustein allen Lebens wurde: die Aminosäure. Die Biochemiker fanden die wunderbarsten und prosaischsten Bezeichnungen, aber über eine Tatsache konnten auch die findigsten Namen nicht hinwegtäuschen – es handelt sich um eine Säure. Daher ist es also nicht weiter verwunderlich, daß in der Folge alles Leben erfüllt war vom Streben nach der ergänzenden Geschmacksrichtung: dem Süßen.

Die eine oder andere Erinnerung an jene geologisch ungestüme Urzeit hat sich, in den Genen verankert, auch dem Menschen überliefert, der ihr, wie wir etwa an der Vulkanform des Gugelhupfs erkennen können, angemessen kultivierten Ausdruck verleiht. Der Weg des Lebens aber führte erst einmal aus dem Meer und in das Süßwasser. Pflanzen eroberten die frischen Kontinente, und in ihren Blüten glitzerte der kostbare Nektar, der späterhin zum Trank der Götter erhoben wurde. Dies wiederum veranlaßte unzählige Insekten, schleunigst zu entstehen, um der Süßigkeit habhaft zu werden. Beim Großgetier war es sicher nicht nur der Höhlenbär, dem der Honig schmeckte; und hätte es damals zahme Saurier gegeben, hätten ihnen ein paar Würfel Zucker bestimmt genauso gemundet wie heute einem Pferdchen. Im übrigen waren Süßigkeit und Verführung, vornehmlich im Dienst der Fortpflanzung und Arterhaltung, in Fauna und Flora stets eng miteinander verbunden.

Auf der Suche nach den Ursprüngen von Kuchen und Torte erweist sich deren leichte Verderblichkeit als Problem. Keine Torte hält sich 4000 oder gar 10 000 Jahre lang, außer man hängt der Theorie an, die Pyramiden seien nichts anderes als frühe Denkmäler der monumentalen menschlichen Naschlust, mit den Hieroglyphen als hübschen Ornamenten an der Glasur und dem Pharao als einer gewissermaßen spirituellen Marmeladenfüllung in ihrem Inneren. Kein Steinzeitmensch hat den Archäologen die Reste eines Marmor-Kuchens oder Back-Steins hinterlassen, kein ägyptischer Priester hat eine Torte mumifiziert. Sie haben alles weggegessen — immerhin ein Verweis darauf, daß Mehlspeisen schon damals zu den begehrtesten Genüssen gehört haben.

»Man versetze sich durch die Einbildungskraft in die ersten Augenblicke des menschlichen Geschlechtes zurück, und man kann glauben, daß die ersten Sinnesempfindungen unmittelbar waren, d. h. daß man ohne Schärfe sah, undeutlich hörte, ohne Wahl roch, ohne zu kosten aß und mit Brutalität genoß«, vermutete der französische Feinschmeckerpapst Jean Anthelme Brillat-Savarin, und tat damit dem guten alten Homo Erectus Unrecht. Der hatte sich nämlich aus seiner animalischen Dumpfheit erhoben, indem er aufmerksam die Tiere in seiner Umgebung wahrnahm und sie in Ritualen und Verhaltensweisen nachahmte — wodurch er unter anderem auch auf die Leibspeise des Bären stieß. Durch endloses Ausprobieren und Beobachten eignete der Frühmensch sich ein geradezu enzyklopädisches Wissen über Pflanzen als Nahrungs-, Genuß- und Heilmittel an. Herauszufinden, daß eine Kaffeebohne erst genießbar wird und aufmunternde Wirkung entfaltet, nachdem man sie geröstet und gemahlen hat, ist eine nicht zu unterschätzende Kulturleistung.

Von den Anstrengungen der Eiszeit erschöpft, wurde der umherschweifende Jäger und naschende Nomade schließlich seßhaft. In der paläolithischen Dorfgemeinschaft erbrachte er grundlegende Leistungen in der Herstellung plastischer Formen. Zu seinen bedeutendsten Erfindungen gehörten das Gefäß und das Brot, und mit dem Brot beginnt die Ära durch Menschenhand gestalteter Nahrung. Obwohl das Brot – genauso der Krug – bereits damals jene Grundform erhielt, die sich auch in den darauf folgenden 6000 Jahren als vollendet erweisen sollte, eröffnete sich mit den weiteren Verfeinerungen von Geschmack und Gestalt ein unerschöpfliches Füllhorn sinnlicher und kulinarischer Möglichkeiten.

Im übrigen herrschte das weibliche Element vor. Gefäße und Backformen waren rundlich, Fladen und Brot ebenso, und es sollte – während sich im sozialen Gefüge bereits längst wieder die Männerherrschaft breitgemacht hatte – noch viele Generationen dauern, ehe sich, in Gestalt der steilwandigen Torte, ein Anzeichen patriarchalischer Strenge in das Refugium der Süßwaren einschleichen konnte. »Die Feinschmeckerei«, vermerkt Brillat-Savarin zur ›Theorie des Backens‹, »begreift auch die Näscherei, welche dieselbe Vorliebe für leichte, wenig umfängliche, feine Dinge umfaßt, wie Zuckerwerk, Pastetchen etc. Die Näscherei ist eine zu Gunsten der Frauen und der ihnen ähnlichen Männer eingeführte Modifikation. Nichts Angenehmeres als eine hübsche Näscherin unter den Waffen. Die gebackenen Speisen lassen sich mit den Händen angreifen und essen, was stets den Damen gefällt.« Und daß Süßes auch als pädagogisch wertvolles Kulturgut Verwendung finden kann, bemerkte bereits Rousseau: »Mit den Mädchen ist es dabei anders als mit den Buben, die man bis zu einem gewissen Grad durch ihre Schleckerlust geradezu leiten kann. Wenn sich, so bei Männern wie bei Frauen, das Herz erst regt, dann ist die Schleckerlust nicht mehr das hervorstechendste Laster.«

Folgen wir der schon erwähnten Theorie, so ließ Pharao Djoser um das Jahr 2600 vor unserer Zeitrechnung mit der ersten Stufenpyramide bei Saqquara also das archetypische und überdimensionale Vorbild jener Bauwerke errichten, denen wir heute etwa im Prachtkonstrukt einer Hochzeitstorte immer noch gegenüberstehen.

Die alten Ägypter waren im übrigen vorzügliche Zuckerbäcker, nur daß ihr Zucker der Honig war. Aus verschiedenen Mehlsorten, Eiern, Feigen, Datteln und Öl komponierten sie die delikatesten Konditorwaren. Auch verstanden sie es, Gebäck in Form von Kringeln, Schnecken, Kühen, Löwen oder Bratenstücken herzustellen. Bereits zu dieser Zeit gelangten das Kaschieren und die Anfertigung delikater Täuschformen zu erster Blüte. Der Hang zum

Süßen reichte bis in das Geistesleben und die Kunst: »Das Mittlere Reich«, schreibt Egon Friedell in seiner ›Kulturgeschichte Ägyptens‹, »galt überhaupt den Ägyptern als das klassische Zeitalter ihrer Literatur und sein Stil als der absolut vorbildliche. Jede Rede, lautete die Vorschrift, müsse ›in Honig getaucht sein‹.«

Doch es war nicht nur ›la dolce vita‹, das süße Leben, das sich durch Leckereien eröffnete. Im 10. Gesang der ›Odyssee‹ berichtet Homer von Verderbnis vermittels Käsekuchen, die über die Gefährten des Odysseus hereinbricht:

> Mengte geriebenen Käse mit Mehl und gelblichem Honig
> Unter pamnischen Wein und mischte betörende Säfte
> In das Gericht, damit sie der Heimat gänzlich vergäßen.
> Als sie dieses empfangen und ausgeleeret, da rührte
> Circe sie mit der Rute und sperrte sie dann in die Köfen.

Auch heute noch sind griechische Konditoren zauberhafter Leistungen mächtig, wovon ich mich bei einem dreimonatigen Aufenthalt auf einer der ägäischen Inseln selbst überzeugen konnte. Zwar wurde ich nicht unmittelbar in ein Schwein verwandelt, aber doch merklich runder, außerdem noch von der Sonne knusprig gebraten. Daß ich zehn Kilo zunahm, hatte ich dem Bäcker im Dorf zu verdanken. Dienstags und Freitags gab es am Vormittag ofenwarmes Süßgebäck, darunter Kokosplätzchen, die eher Platz waren als Plätzchen, und gefährlich süße Zimtkuchen, auf denen noch fingerdick Zuckersirup glänzte. Zu den Spezialitäten unter den Leckereien gehörten die fast überall im Orient beliebten Süßigkeitshochkonzentrate Bachlava und Halva, auf die die etwas martialische Bezeichnung »Kalorienbomber« zweifellos zutrifft. Gäbe es ein dem Geigerzähler entsprechendes Gerät, um die Joule-Werte eines Desserts zu messen, so würde es, auf einen Würfel Halva gerichtet, wahrscheinlich ähnliche Werte liefern wie ein Geigerzähler neben einem durchgeschmorten Reaktorkern. Aber davon abgesehen – was kann paradiesischer sein, als sich dann mit der großen Papiertüte in den weichen Sand zu setzen, vor einem das Meer und die Weite, über einem der Himmel, seine blaue Höhe und das Licht, und in einem ein Stück Kuchen und seine Süße.

Auch die alten Römer – ich sage nur: Lukullus – führten die Tradition der süßen Genüsse fort, wovon man sich nicht nur bei Asterix und Obelix überzeugen kann (»Ich lasse Ihnen für unterwegs ein Orgienpaket zurechtmachen. Kalte, in Honig eingelegte Bärenkaldaunen.«) Cato der Ältere eröffnet uns in seinen Schriften unter anderem, wie ein guter Myrtenwein angesetzt wird, und »wie man die neuartigen, weil süßen Kuchen« bäckt. Einen dieser Krapfen nannte er »Globus« – es ist gewiß der Urvater des Krapfens, den später die Mönche in vielen hundert Variationen aßen. Zu den dunklen Seiten der Süßspeisen gehörte, daß sie bisweilen benutzt wurden, den bitteren Geschmack von Giften zu übertönen, derer sich finstere Zeitgenossen bedienten, um unliebsame Konkurrenten, Nebenbuhler oder Verwandte aus dem Weg zu räumen.

Bei den Bauwerken findet sich in Rom eine Idee wieder aufgenommen, die davor schon im britischen Stonehenge verwirklicht worden war, und zwar im einzigen runden Tempel der Stadt, dem der Vestalinnen: Die Idee der Tortenform. Die Torte selbst harrte allerdings noch immer ihrer Erfindung.

In der Zeit nach Christus wandte man sich im neuen Glauben und der damit verbundenen Lebensart von Völlereien nach altrömischem Muster ab und übte Genügsamkeit. Die Diät wurde erfunden: Das Fasten. Da dabei vor allem der Genuß von Fleisch verboten war, wich man auf (bald wieder opulente) Paletten von Fisch, Gemüse – und nicht zuletzt Süßspeisen aus. In der Stille der Klosterküchen gelangte die Feinschmeckerei im Lauf der folgenden Jahrhunderte zu neuer Hochblüte. Der römische Dichter Venantius Fortunatus (530–610) erzählt von der großen Kochkunst der Äbtissin Radegunde, vormals Königin der Franken, die das Konvent von Poitiers gründete. Sein Schwärmen von »einem Gedicht von Pudding, der mit frischer Sahne übergossen und mit reizenden Figürchen aus süßem Teig verziert war«, nimmt sich noch bescheiden aus gegenüber den bis zu 20-gängigen Fastenmenüs(!), wie sie nach der ersten Jahrtausendwende aufkamen.

Immer kultivierter wurden auch die Gestaltungs- und Verwandlungskünste der frommen Kulinaren. Die Vorarbeiten zur Konstruktion der Torte traten, noch nicht mit süßem Material, ins Stadium des Raffinements. »Ein Koch mit Phantasie und Farbempfinden«, schildert Norman Foster in ›Schlemmen hinter Klostermauern‹, »konnte die Fleischpastete in vier flache Pfannkuchen aufteilen. Jede Schicht hatte eine unterschiedliche Rind-, Schweine- oder Hähnchenfüllung; Eier, Käse und Brotkrumen wurden mit Hilfe von Gemüse- und Blumensäften weiß, gelb, grün oder schwarz gefärbt.

11

Flache Schachbrettpasteten – ein besonderer Festschmaus –, wurden im selben Verfahren hergestellt und gebacken.

Die einfachen Brote, Oblaten und Fladen verwandelten sich in köstlich schmeckende, süße Fasttagskuchen, Kekse, Pasteten und Soufflés. Sogar der Stammvater aller am Essen Nörgelnden, Bernhard von Clairvaux, hatte gestattet, daß sich etwas Öl und viel Honig in den Mehlbrei einschlichen, um den Magen zu ›erwärmen‹ – aber natürlich ›nur mit Bedenken‹ (cum scrupolo). Außerdem wurde eine Art Ehe zwischen dem Fladen und dem Käse, den Eiern und der Milch vollzogen. Das war die Stunde der Wiedergeburt des Käsekuchens, der in England ›Flaunes‹ genannt wurde.«

Um 1060 verfaßt der St. Gallener Mönch Ekkehard IV., genannt »Junior«, die ›Benedictiones ad Mensas‹, die ›Segenssprüche über die Tischgerichte‹, ein Hymnus in 280 Hexametern. Bei den Broten nennt er – es ist soweit! – die Torte, das Kipfel, Wecke und Brezel, alles sogenannte »Herrentisch-Brote«. Torte hieß das gewundene, runde Brot. Aus dem feinen Oblatenteig entstand auch der Kuchen, grundsätzlich ein süßes Backwerk und die älteste Form des Feingebäcks. Die alten Indogermanen hatten aus dem Indischen das Wort ›Kaka‹ – leckeres Essen – für dieses süße Gebäck mitgebracht. Der Unterschied zwischen einem süßen, angereicherten und verfeinerten Brot und einem Kuchen ist schwer auszumachen. In England war der Kuchen klein und rund und wurde aus weißem Mehl, Eiern, Sahne oder Butter und ausgewählten Gewürzen hergestellt. Diese kleinen Kuchen oder »buns« wurden mit einem Sirupguß überzogen und als »Hot Cross Buns« berühmt.

Daß der Mönch im Volksmund damals auch »Schlaraffe« genannt wurde, der sich in »Kokania«, dem klösterlichen Schlaraffenland, durch Berge süßen Kuchens durchfressen durfte, verwundert daher nicht. Der Kuchen wurde bestreut, bestrichen, belegt und mit allem möglichen gefüllt: mit Nüssen, Honig, Gewürzen, Obst, sogar mit Knoblauch, Zwiebeln und Speck. Die Mönche naschten besonders gern vom heidnischen Speckkuchen. Wurde der Teig aus Schmalz, Eiern, Honig, Speck und viel Pfeffer gemacht, nannte man ihn Pfefferkuchen. Einen weiteren entscheidenden Schritt in die pfeffrige Richtung machte dann eines Tages ein inspirierter Klosterbäcker: Er bereitete einen würzigen Kuchenteig aus Roggenmehl, Honig und Hirschhornsalz, zog ihn flach und rund aus, bestrich ihn mit einer besonderen Mischung aus Eiweiß, Honig, Pfeffer und Ingwer, und drückte noch ein paar Mandelkerne hinein. Der Lebkuchen erblickte das Licht der Welt.

Welche Auswirkungen das expandierende Universum der Süßigkeiten hatte, zeigt sich unter anderem daran, daß die (weltlichen) Männer ungefähr vom 13. Jahrhundert an begannen, ihre Freundinnen ›Sweetheart‹ zu nennen. Im Florenz jener Zeit gab es sogar Gesetze gegen die Üppigkeit der Hochzeitsfeste. Sie schrieben vor, daß es »am Tag der Hochzeit oder aber am Tag des Ringwechsels im Haus der Braut nicht mehr als zwei Arten von Süßigkeiten geben darf; auch an keinem anderen Tag mehr, so lang, bis die Braut ihrem Mann übergeben wird«. Dann aber leuchtete doch der ›Honeymoon‹ und »man brachte dicke Würzpastillen aus gezuckerten Pinienkernen, dazu Kuchen aus gezuckerten Mandeln, die gewöhnlich Marzipan [Martios panes] heissen« (der Venezianer Humanist Ermolao Barbaro an den Rechtsgelehrten Pietro Cara, Mailand, 15. Mai 1488).

Von Norman Foster erfahren wir nun auch, daß die Geistlichkeit ebenso ihre Mittel hatte, die Sinne süß zum Rauschen zu bringen: »Und dann bin ich noch über einen anderen Klosterbrei gestolpert, der offensichtlich in großen Mengen gekocht und gegessen wurde, und das nicht nur zur Fastenzeit, sondern auch als Festessen: der Hanfbrei. Die Blätter, Beeren und Samen dieser hoch interessanten Pflanze wurden getrocknet, zerstoßen und dann entweder als Mus bereitet oder als Füllung in Plätzchen, Kuchen und andere ›high‹ machende Dinge eingebacken. Zusammen mit Myrrhenwein muß das einen Wahnsinnsfraß abgegeben haben – Myrrhenwein allein wurde schon als effektvoller Schmerztöter getrunken. Das arabische Wort ›hasheesh‹ heißt übersetzt ›getrocknetes Gewürz‹, und die Araber rauchten es in ihren schönen Wasserpfeifen oder buken süße Gewürzkuchen daraus.«

Lange Jahrhunderte hindurch hatte es als Quellen des Süßen nur den Fruchtzucker und den Honig gegeben. Ab dem 12. Jahrhundert hielt der teure importierte Rohrzucker in Europa Einzug. Wie auch das verfeinerte Kochen unter Verwendung von Reismehl zum Andicken von Saucen, Suppen und Füllungen, war der Zucker in Anbetracht der damaligen Transportkosten vorerst ein großer Luxus.

Das Verfahren, Zucker aus Rüben herzustellen, erfand der deutsche Apotheker Marggraf erst im Jahre 1747. Offenbar spielte der Zucker unter den Ingredienzien der Apotheke eine große Rolle, denn wenn man zu der Zeit jemanden bezeichnen wollte, dem etwas Wesentliches fehlte, so sagte man, er sei wie ein Apotheker ohne Zucker. Daß, im Gegensatz zum Zahn der Zeit, der Zucker mit der Zeit am Zahn nagt, stand überhaupt nicht zur Debatte, galt es doch erst einmal, die Zeitgenossen überhaupt von der Realität des Rübenzuckers zu überzeugen, wie Graf Chaptal in ›Die Chemie in ihrer Anwendung auf die Landwirthschaft‹ beklagt: »Man kann ein glänzendes Beispiel von der Macht der Vorurteile und den Hindernissen, welche sich dem Durchbruche einer jeden neuen Wahrheit entgegenstemmen, in dem Umstande finden, daß auf hundert Unterthanen Grossbritanniens, die man ohne Unterschied auswählen würde, nicht zehn daran glauben, daß man aus Runkelrüben Zucker machen könne.«

Aber es dauerte nicht lange, bis die »neue Wahrheit« große Verbreitung gefunden hatte, und mit Vergnügen war zu konstatieren, daß der Zucker »mit Mehl und Eiern gemengt, Biscuit gibt, Maccaroni und jenes hunderterlei verschiedene Backwerk, auf welchem die ziemlich neue Kunst des Conditors beruht. Mit Früchten oder Blumen gemischt, gibt es die Confituren, die Marmeladen, die Fruchtsäfte« (Brillat-Savarin). Und nach wie vor waren die Innovationen, die der süße Stoff nach sich zog, von Staunen begleitet: »Der Hauptmann Collet verdiente in dem Jahre 1794 in New York viel Geld, indem er für die Einwohner Eis und Confect bereitete. Die Frauen namentlich konnten gar nicht begreifen, wie man das Eis bei einer Hitze von 26° Reaumur so kalt erhalten könne.«

Ein weiterer wichtiger Grundstoff, die Schokolade, war bereits mit den spanischen Conquistadoren aus seiner südamerikanischen Heimat in die Alte Welt gelangt. »Man nennt Chocolade eine Mischung von gerösteten Kakaobohnen mit Zucker und Zimmt; dies ist die classische Definition der Chocolade. Die spanischen Creolinnen lieben die Chocolade bis zum Excess und zwar so sehr, daß sie nicht nur täglich mehrmals Chocolade trinken, sondern sich auch noch welche in die Kirche nachtragen lassen. Die Chocolade überschritt die Pyrenäen mit Anna von Oestreich«, und, so wollen wir fortsetzen, sie verfestigte sich später in der kühlen Gebirgsluft der Schweiz, verfeinert mit Milch, zur bißfesten und portablen Tafel.

Selbstverständlich stiftet sie als Glasur, Schicht- und Dekorsubstanz ihren nicht unwesentlichen Beitrag zu den herrlichen, hochzivilisierten Kuchen und Torten des 20. Jahrhunderts, wobei sie sich aus der Frühzeit ihrer Verwendung auf unterschiedlichste und kunstfertige Kombinationen stützt, etwa mit Parfums: »Alle Welt sollte wissen, daß der Ambra als Riechstoff zwar den Laien schädlich werden kann, die schwache Nerven haben, dass er aber innerlich gebraucht außerordentlich stärkt und fröhlich macht. Man sagt mir, dass der Marschall von Richelieu, glorreichen Andenkens, gewöhnlich Ambratäfelchen kauete, und was mich betrifft, so thue ich in eine grosse Tasse Chocolade etwa bohnengross Ambra mit Zucker gestossen, und befinde mich vortrefflich darauf« (Brillat-Savarin).

Und nicht nur im alten Ägypten, sondern auch in unserer Zeit hinterläßt das Süße seine Spuren in der Kunst. Marcel Proust's epochale ›Suche nach der verlorenen Zeit‹ nimmt ihren Anfang im erinnerungsträchtigen Duft frischer Madeleines. Und auch Theodor Fontane entsinnt sich: »Es gibt auch heute noch Baumkuchen, gewiß; aber die jetzigen sind Entartungen, schwächliche, schwammartige Bleichenwangs, während die damaligen eine glückliche Festigkeit hatten, die sich, an den gelungensten Exemplaren, bis zur Knusprigkeit steigerte, begleitet von einer vom dunkelsten Ocker bis zum hellsten Gelb reichenden Farbenskala.«
Wer möchte sich nicht mit Fontane zurücksehnen nach einem Goldenen Zeitalter der süßen Genüsse, wo uns heute, angesichts computererzeugter Kuchen-Grafik, Karies und Kalorienbremse, die unverfälschte Naschlust von allen Seiten vermiest wird? Nun, die Verführung – die Seele der Süße – gelingt doch immer wieder: Wenn die Venus aus der weichen Teigmuschel eines Hippencroquant mit frischen Beeren steigt, verpufft jedes Diätprogramm zu Schall und Rauch. In unserem Jahrhundert verdeutlicht sich ein Teil der Welt inbildlich im ›Globalen Kuchen‹: Cocos aus den Tropen, Schoko aus Helvetien, Zucker aus Indien, kandierte Früchte aus dem Orient, Lebensmittelfarben aus Amerika, Marzipan aus Lübeck, Sahne aus der Dose. Und über allem die Heiterkeit eines Kino-Klassikers: der Tortenschlacht.

»Zwei feinschmeckende Ehegatten«, bemerkt Brillat-Savarin, »haben wenigstens einmal im Tage eine angenehme Gelegenheit zur Vereinigung.« Tatsächlich könnte man, bei all der feinen Macht des Süßen, zu der Annahme neigen, daß Sigmund Freud sich mit seiner Wertzumessung des Sexualtriebs möglicherweise getäuscht hat. Schon die Werbung zeigt uns – vom Schokoriegel, der verheißungsvoll aus den Tiefen des Alls herangeschwebt kommt, bis hin zur Tiefkühltorte – ein atemberaubendes Spektrum von Süßwaren, dem in der Auswahl einzig die Palette der Putz- und Waschmittel nahekommt, womit die Schokoflecken wieder entfernt, und rituelle Waschungen durchgeführt werden, um sich vom ›Sündigen‹ an der schlanken Linie zu säubern. Betrachtet man die Beziehungsprobleme des Gegenwartsmenschen, und dem gegenüber das nette und weiche Sozialverhalten eines Kuchens (Teigbiotop), das beseligende Bild des Friedens, welches schon eine profane Buttercremetorte abgibt, oder aber die Attraktion, die von virtuos gestaltetem Backwerk ausgeht, dann möchte man meinen, daß es nicht die Fleischeslust ist, die den Menschen zu immer neuen Taten und Idealen drängt, sondern der allgewaltige Trieb nach Kaffee und Kuchen, von dem jeder gern ein Stück abhaben möchte.

2

3

4

5

6

7

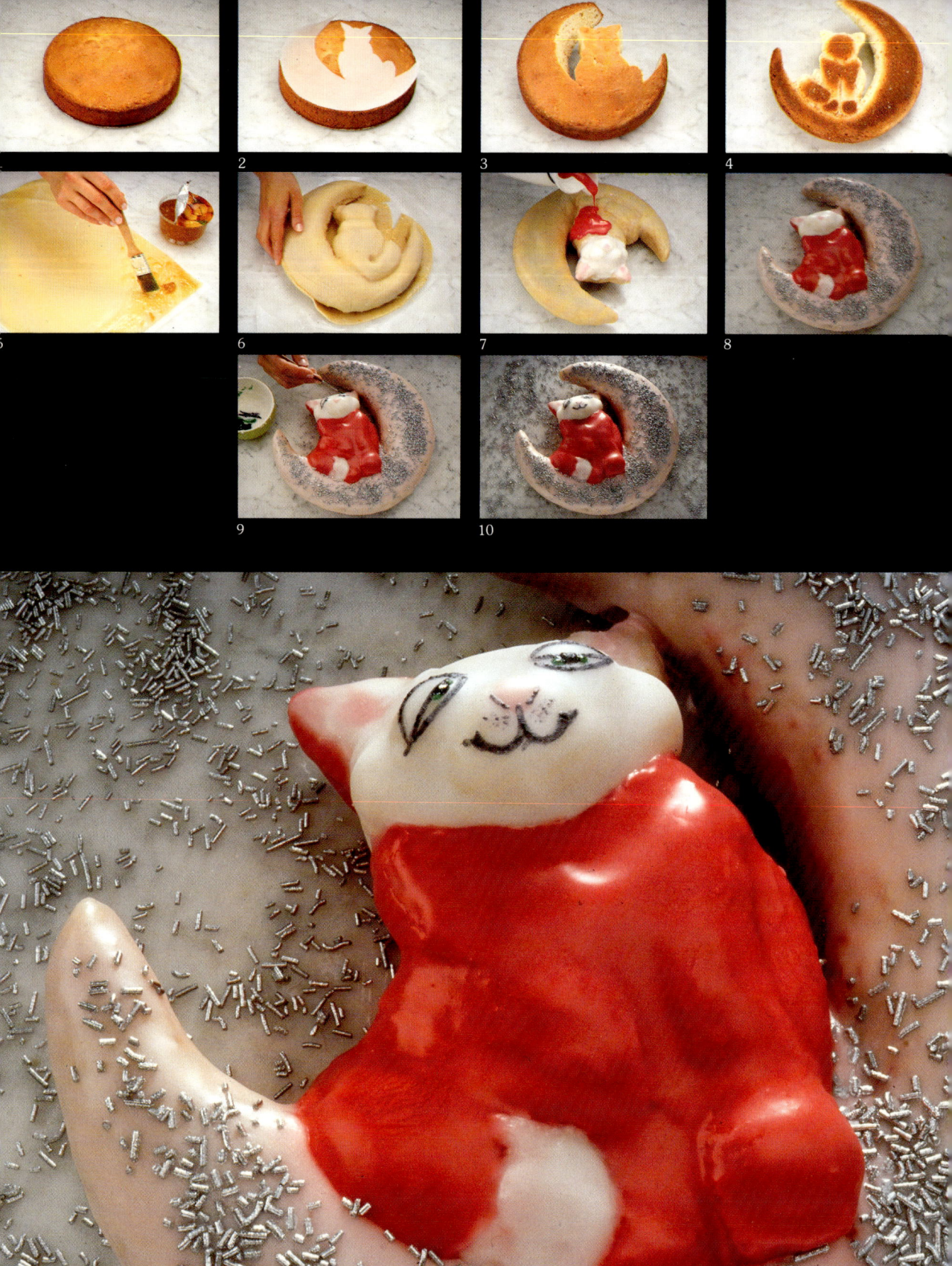

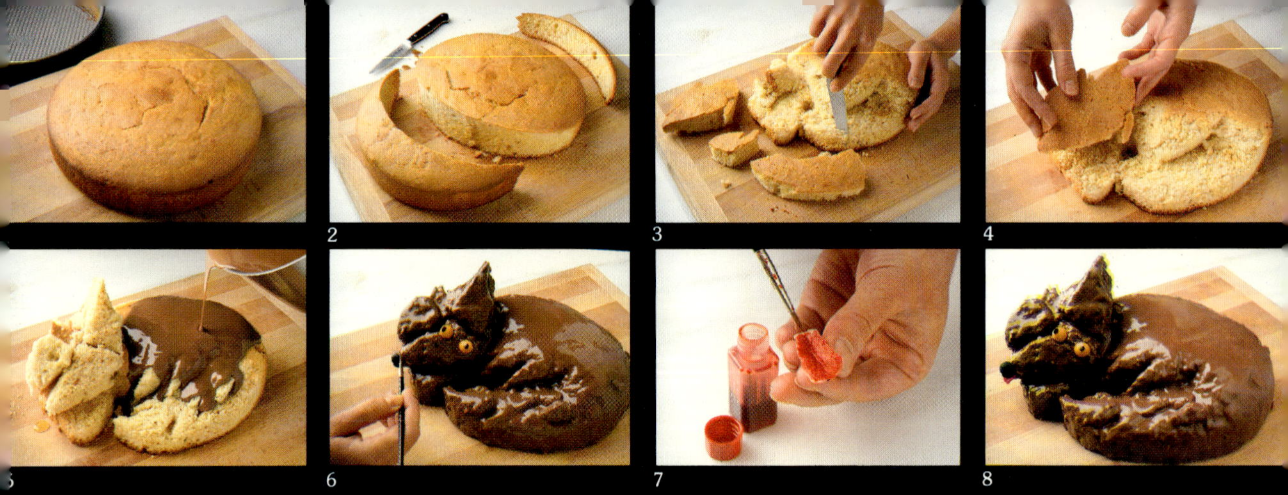
2
3
4
6
7
8

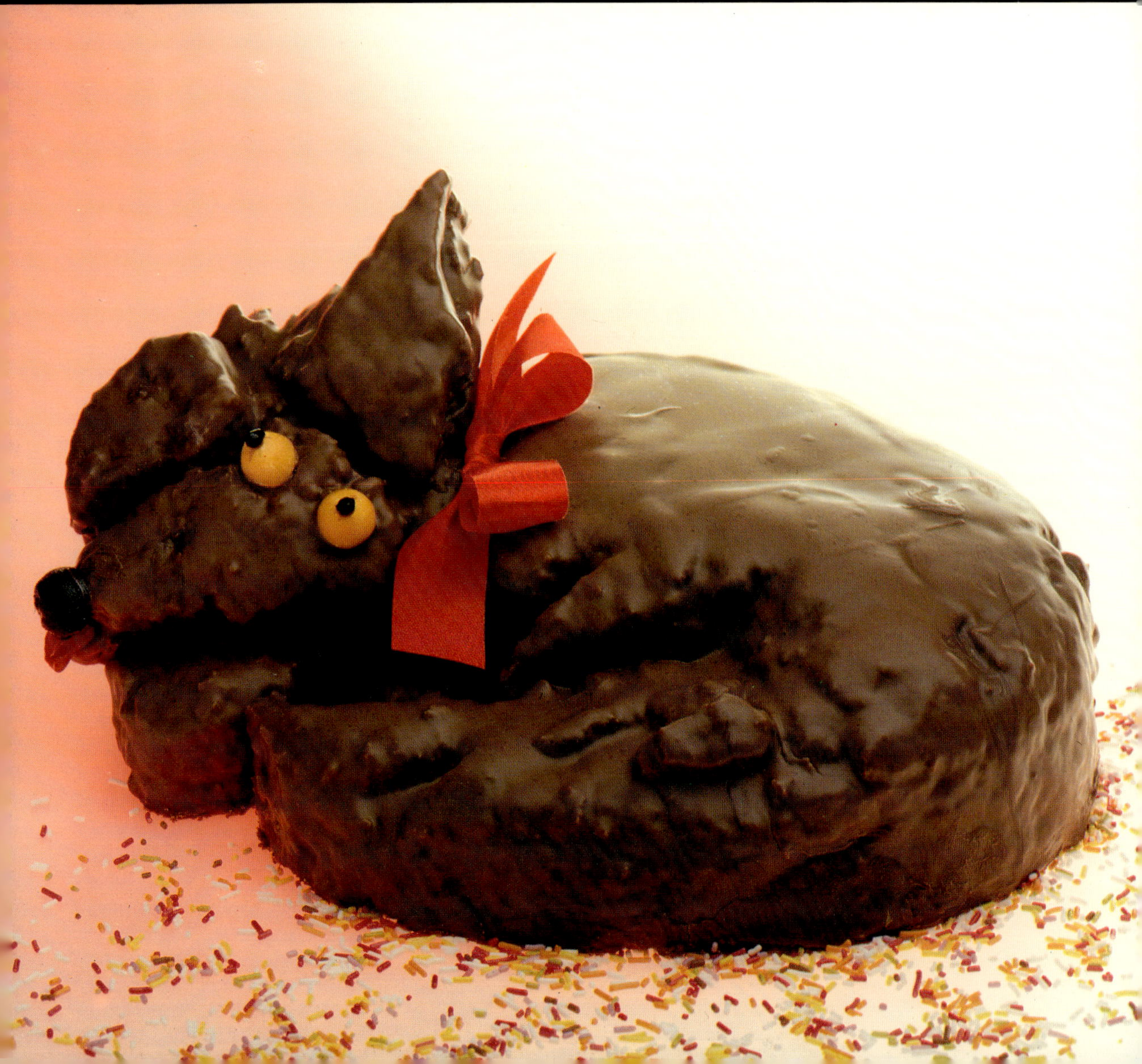

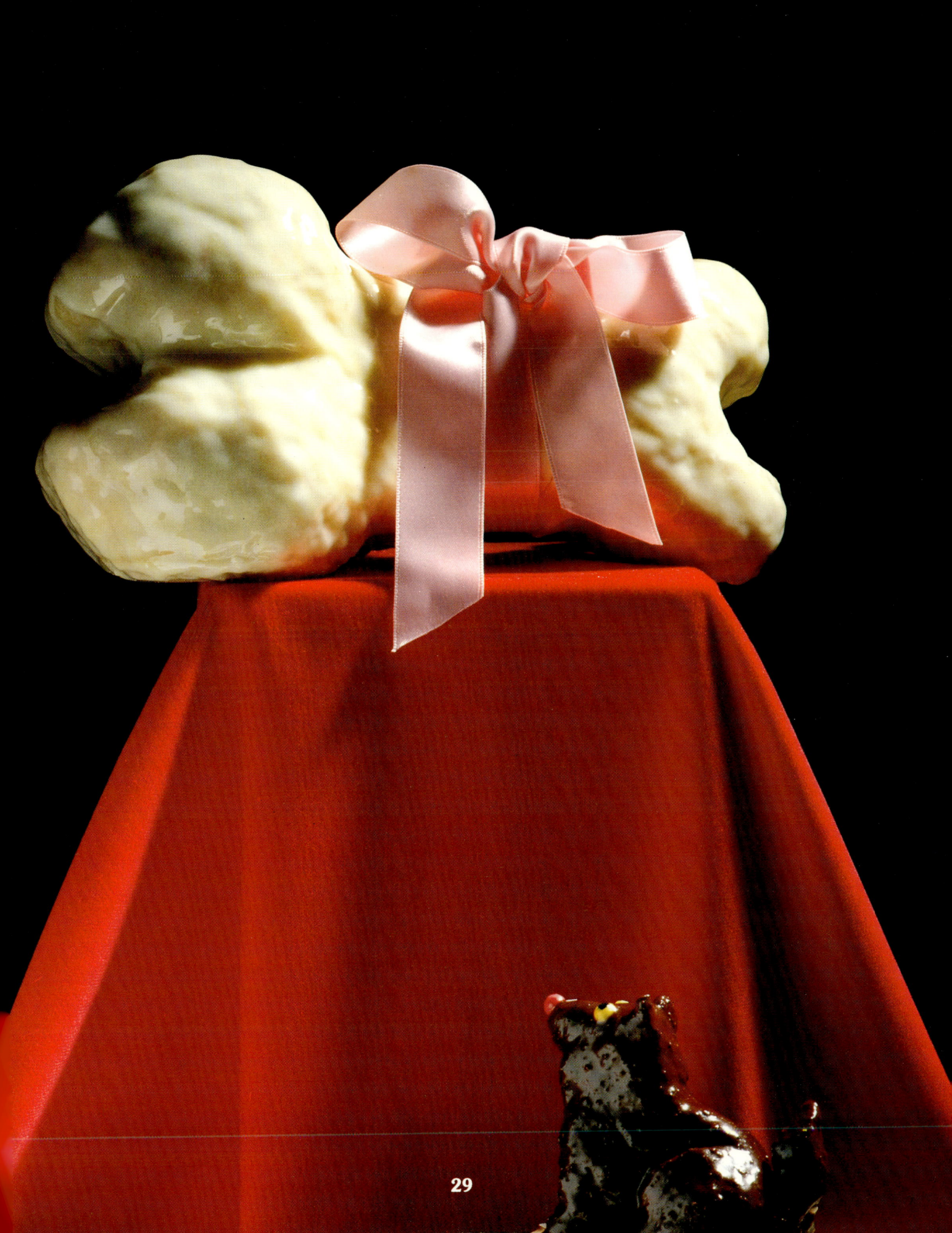

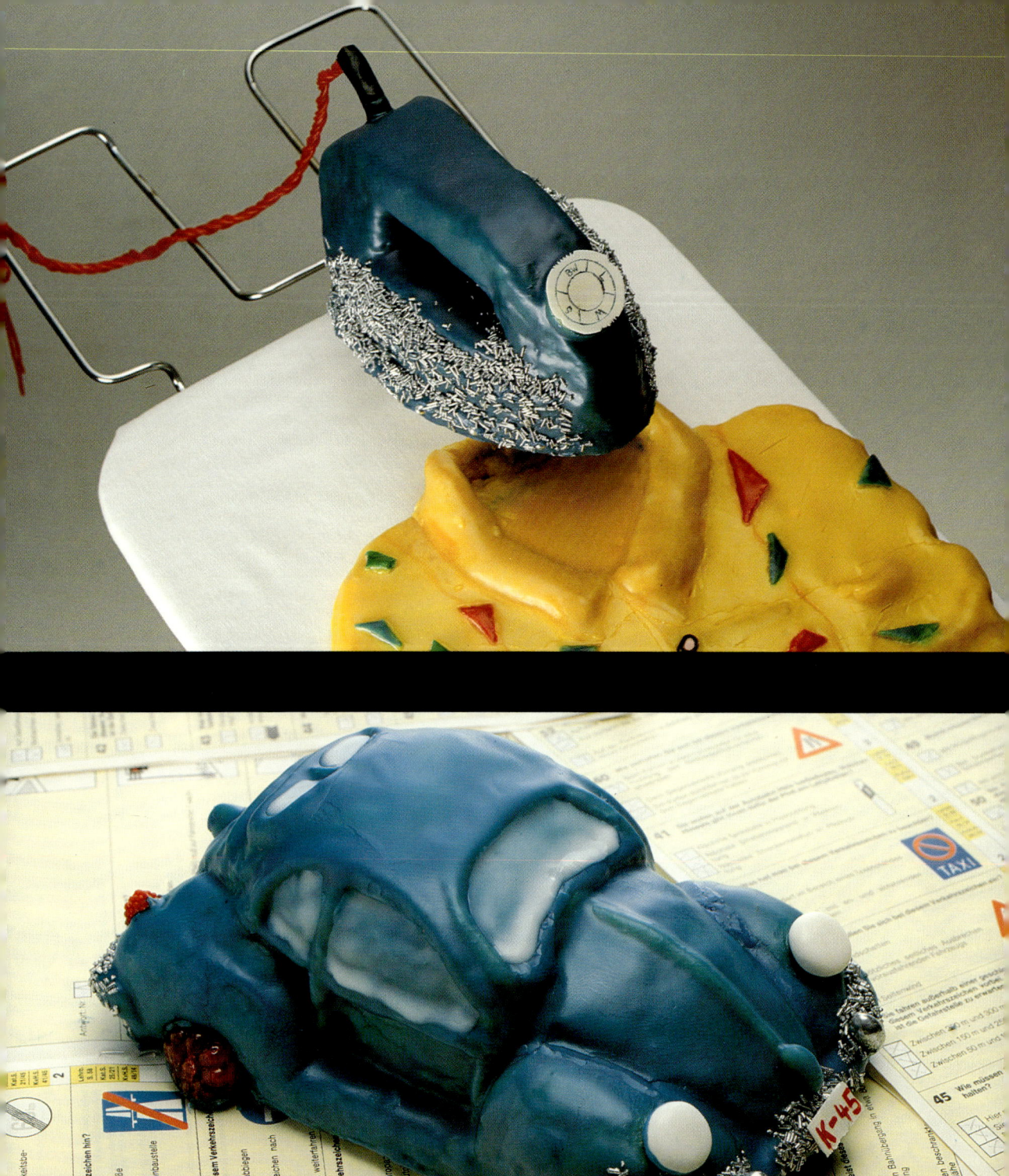

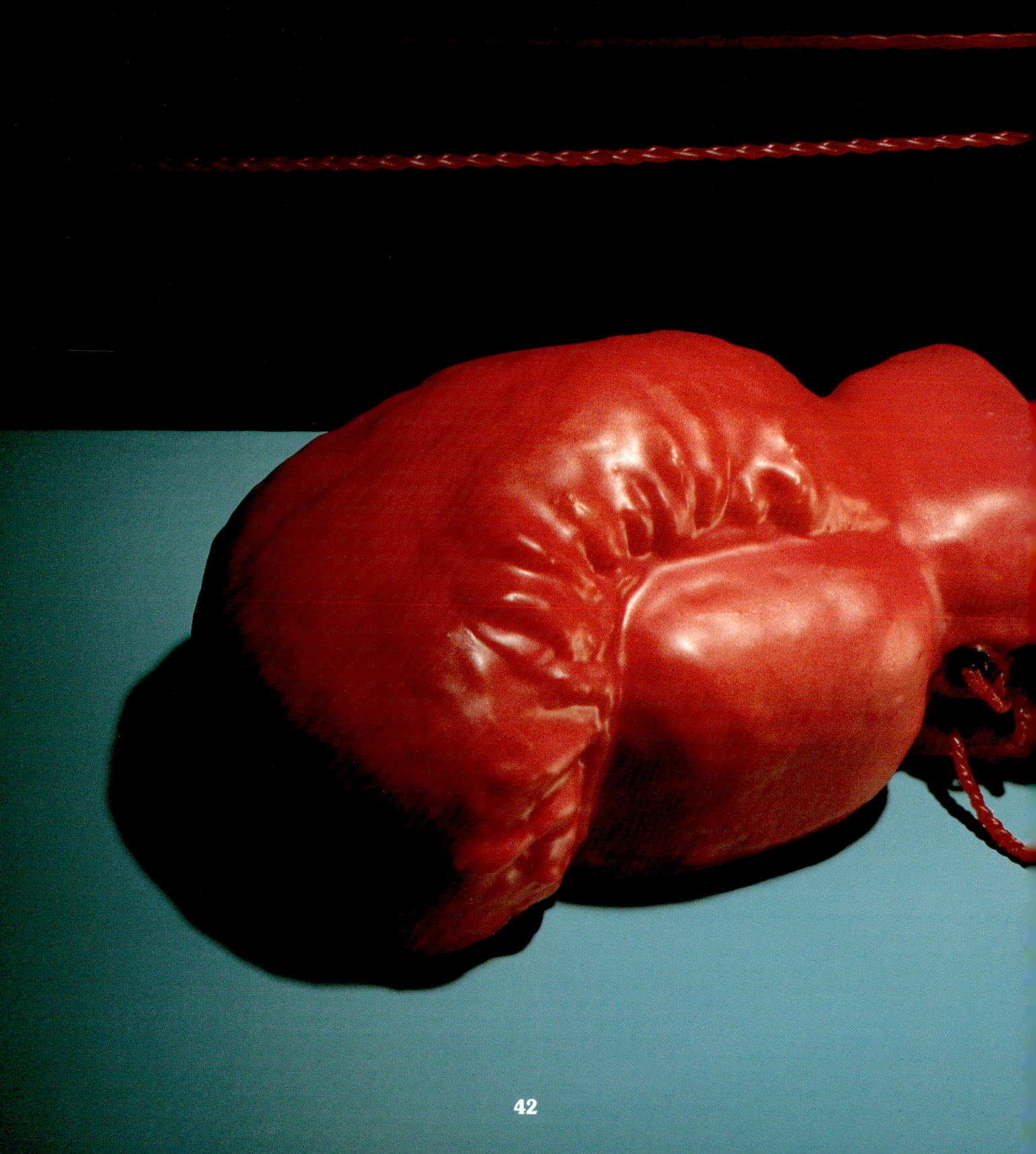

1

2

3

4

5

6

7

8

9

10

2

3

4

6

7

8

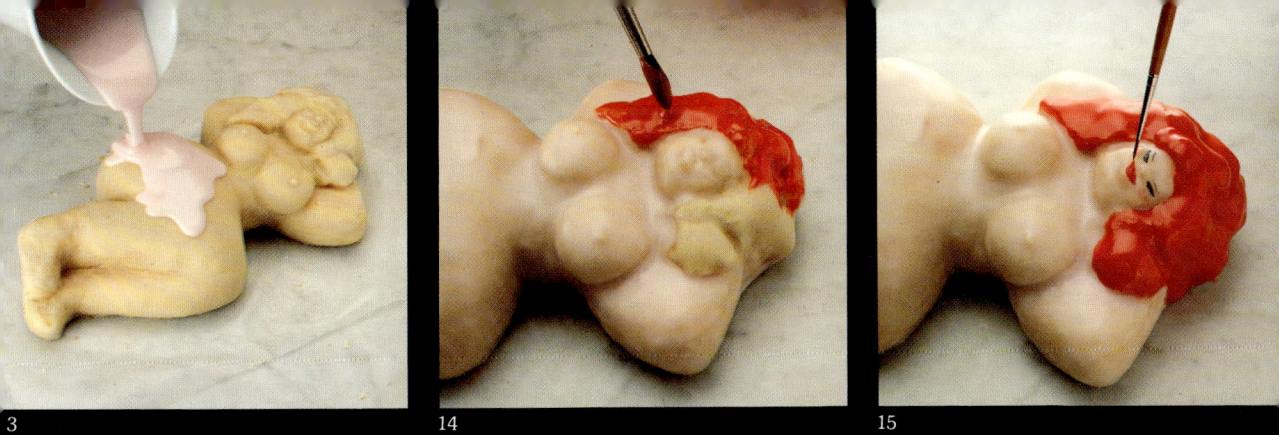

3

14

15

Arbeitsgerät und Materialien

Die meisten der hier abgebildeten Geräte sind wohl in jedem Haushalt vorhanden, der Umgang mit ihnen vertraut. Sollte aber doch der ein oder andere Leser dieses Buches im Begriff sein, einen neuen Hausstand zu gründen, so empfiehlt es sich, die Arbeitsgeräte in den angegebenen Größen zu erwerben. Ich denke im Besonderen an die Kuchenformen:
Die hier abgebildeten haben einen Durchmesser von 26–28 cm, die Kastenform ist 35 cm lang, und das Backblech entnehmen Sie Ihrem Backofen. Wenn dabei die Größen etwas variieren, ist das nicht tragisch.

Damit sich die Kuchen gut von den Blechen lösen, sollten Sie Backpapier zu Hilfe nehmen; dieses gibt es in jedem Supermarkt. Bei den Tortenböden und auf dem Blech genügt es, wenn Sie nur den Boden damit belegen und die Ränder mit Margarine bestreichen, die Kastenform jedoch sollte ganz ausgeschlagen werden. Das ist ein wenig mühselig, aber so haben Sie die Garantie, daß sich der gebackene Kuchen unbeschädigt aus der Form löst.

Beschaffen Sie sich unbedingt ein Arbeitsbrett, das glatt und mindestens so groß wie der Rohling sein muß. Das größte der hier abgebildeten Messer eignet sich am besten für den Schnitt der Umrisse (oder um die gröbsten Ecken und Kanten wegzunehmen); die anderen zwei sind besser für kleinere Objekte und feine Rundungen. Da die Kuchen jedoch von unterschiedlicher Größe sind, sollte man zwei weitere Messer zu seinen Arbeitsgeräten zählen. Für feinere und kleine Schnitte genügt ein einfaches Küchenmesser, wie es sicher in jedem Haushalt zu finden ist. Das daneben abgebildete Skalpell ist etwas spezieller – trotzdem lohnt sich die Anschaffung, da Sie es für die letzten Handgriffe an den bereits fertigen Kuchen brauchen (worauf ich später noch näher eingehen werde).

Das Skalpell ist ebenso wie die Pinsel, die zum Gießen und Bemalen der Figuren benutzt werden, in einem Zeichenbedarfsgeschäft zu bekommen. Falls Sie kein Nudelholz zu Hause haben, genügt auch eine einfache Flasche, um das Marzipan oder den Teig auszurollen. Für die Puderzuckerglasur benötigt man Behälter verschiedener Größen – je nach Umfang des zu gießenden Objekts.

Für das Anrühren der Glasur ist auch ein Puderzuckersieb zu benutzen, das langwieriges Glattrühren erspart. Bei meinen Arbeiten habe ich letzteres in Kauf genommen, da ich mir auch nach 40 Kuchen nicht sicher bin, was eigentlich umständlicher ist: Sieben oder Rühren. Das Rühren fand ich auch deswegen praktischer, weil die Öffnungen der jeweiligen Kannen und Gläser meist zu klein waren, und ich mich anfangs also selbst mehr besiebt habe als daß etwas in den dafür bestimmten Behälter gelangt wäre. Das sind aber natürlich nur meine Erfahrungen...

Als wirklich sinnvoll erweist sich das Sieb beim Kneten des Marzipans (nähere Beschreibung auf Seite 70). Nehmen Sie dann dafür eine möglichst flache Schüssel.

Um den Kuchen dann mit der Glasur zu überziehen, legt man ihn am besten auf ein Backrost über die Spüle; das Rost sollte aber auf jeden Fall mit Back- oder Transparentpapier überzogen werden, um das Ankleben der

1

2

3

Arbeitsgerät und Materialien

1. Kuchenformen
2. Backrost
3. Arbeitsbrett
   Puderzuckersieb
   Spritzbeutel / Tüllen
   Kreppklebeband (für das Backpapier)
   Backpapier (Marzipan)
   Messer verschiedener Größen
   Verschiedene Behälter für die Zuckerguß-
   glasur
   Pinsel
   Skalpell
   Löffel
   Transparentpapier
   Zahnstocher
   Nudelholz

Glasur zu verhindern. Zur Not geht auch Butterbrotpapier von der Rolle, worauf die überschüssige Glasur läuft. Für den Nachbau der Moschee empfehlen sich zusätzlich noch ein Spritzbeutel und Tüllen zur Verzierung der Minarette. Zu guter Letzt kann es nicht schaden, noch eine Packung Zahnstocher im Haus zu haben – falls das eine oder andere Teil zu wakkelig erscheint.

Das Rezept der Friedenstorte hingegen ist etwas aufwendiger, obwohl auch dieser Kuchen auf einem Bisquitteig basiert und durch die Füllung zu einer Schwarzwälder Kirschtorte wird. Falls Sie eine andere Geschmacksrichtung bevorzugen, sind Ihrer diesbezüglichen Phantasie keine Grenzen gesetzt: Jede andere Torte kann sich unter dem Marzipanmantel verbergen.

Beschreibung der Zutaten

Den hier abgebildeten Kuchen liegen sechs verschiedene Rezepte zu Grunde; die meisten sind aus einfachem Rührteig (Sandkuchen) hergestellt. Er eignet sich am besten für etwas kompliziertere Modelle, da seine Konsistenz einerseits nicht so porös und leicht wie die eines Bisquitteigs andererseits nicht so fest wie die eines Plätzchenteigs ist.

Der Schokoladenkuchen, der die gleiche Beschaffenheit wie der Rührteig hat, ist eine Alternative. Für Objekte, welche sowieso mit Schokoladencouvertüre überzogen werden, eignet sich dieser Teig besonders.

Wie der Name schon nahelegt, habe ich den Plätzchenteig für Figuren gebacken, die sehr flach sind und eigentlich nur geschnitten werden. Dieser Teig ist fest und verändert sich durch das Backen nur unwesentlich, so daß man ihn schon auf dem Blech zuschneiden kann (deutlich zu sehen beim Spiegelei). Dieser Teig wurde beispielsweise auch für die Gitarre, das Hemd und Americake benutzt.

Rezept und Idee zu der Moschee erhielt ich von Heidi Reichert, die auch den schmackhaften Teig selbst zusammengestellt hat. Dabei handelt es sich um eine Art Bisquitteig, der überaus schnell und mit wenig Zutaten herzustellen ist, sich aber ebenfalls (wie der Plätzchenteig) nicht zum Modellieren eignet.

Zutaten

Aprikosenmarmelade
Butter oder Öl
Bonbonkette
Backoblaten (runde)
Colaweingummi
Fondantblümchen (1 Packung)
Kirschbonbons
Lebensmittelfarbe
Lakritzrollen
Liebesperlen
Lakritzkonfekt (bunt)
Marzipan
Negerküsse
Ostereierbonbons
Puderzucker
Rosinen
Sahne
Sahnesteif
Schokoladenstreusel (auch bunt)
Schokoladencouvertüre (Vollmilch/Zartbitter und Weiße Schokolade)
Schokobohnen
Silberstreusel
Silberpastillen
Spaghettiweingummi
Weingummitiere
Zuckerstangen
Zuckergußspritztuben
Zitronen

Rührteig

200–250 g Butter
250 g Zucker, 3–4 Eier
Zitronenschale, ⅛ l Milch
1 Prise Salz, 500 g Mehl
½ P Backpulver

Die Butter schaumig rühren, Zucker und Eier nach und nach dazugeben und zu lockerer Schaummasse rühren; abgeriebene Zitronenschale oder Vanillezucker und eine Prise Salz beifügen. Das mit Backpulver vermischte, gesiebte Mehl mit so viel Milch einrühren, daß ein weicher Teig entsteht, der breit vom Löffel fällt (Milch nur soviel wie unbedingt nötig). Falls der Teig auch ohne Milch die richtige Konsistenz erreicht (vor allem bei großen Eiern), keine Milch mehr hinzufügen. Den Teig dann in eine vorbereitete Form geben und bei 175–200° C 45–60 Minuten backen.

Plätzchenteig

125 g Butter
2 Eier, 250 g Zucker
1 P Vanillezucker
⅛ l Sahne, 750 g Mehl
1 P Backpulver
1 verschlagenes Eigelb
bunter Streuzucker

Butter, Zucker und Eier schaumig rühren; dann Vanillezucker, Sahne und das mit dem Backpulver vermischte, gesiebte Mehl einrühren, den Teig kurz abkneten, ruhen lassen. Dünn ausrollen, beliebige Formen ausschneiden und auf gefettetem Blech bei 180–190° C goldgelb backen.

Bisquitteig

8 Eier
200 g feiner Zucker
Saft und Schale ½ Zitrone
200 g Mehl
½ Teel. Backpulver
nach Belieben

Eigelb und den Zucker (minus zwei Eßlöffel) schaumig schlagen, bis die Masse cremeartig und der Zucker restlos vergangen ist. Zitronensaft und abgeriebene Zitronenschale dazugeben. Das Eiweiß zu sehr steifem Schnee schlagen, die 2 Eßlöffel Zucker darunterschlagen und alles über die Masse legen. Mehl (mit Backpulver) über den Eischnee sieben, alles leicht und rasch miteinander vermengen (nicht verrühren!). Sofort backen. Backpulver ist nicht unbedingt nötig.

Verwendet man einen Mixquirl, sollte doch das Mehl über den Schaum gesiebt werden und mit dem Löffel daruntergezogen.

Der Boden einer Springform wird mit gefettetem Pergamentpapier ausgelegt (Rand der Form nicht fetten), die Bisquitmasse eingefüllt und 25–30 Minuten bei 175–200° C gebacken.

Bisquitboden

3 Eier
1 ½ Tassen Zucker
5 Eßl. Wasser
3 Tassen Mehl
2 Teel. Backpulver

Eier und Zucker schaumig rühren, dann nach und nach das Wasser hinzugeben. Mehl mit Backpulver mischen und unterrühren. Anschließend in eine gefettete Form geben und im Backofen bei 175–200° C etwa 25–30 Minuten backen.

Schneller Schokoladenkuchen (crazy up cake)

2 Tassen Zucker
1 Tasse Kakao
1 Tasse Milch
1 Ei
1 Tasse geschmolzene Butter
1 Päckchen Vanillezucker
3 Tassen Mehl
1 ½ Teel. Backpulver
1 Messerspitze Salz
1 Tasse lauwarmes Wasser

Die nebenstehenden Zutaten in ihrer Reihenfolge nacheinander in eine Schüssel geben, und alles leicht und schnell miteinander verquirlen. Dann in einer Backform bei 200–250° C etwa 1 Stunde backen.

Haselnußtorte

4 Eier getrennt, 250 g Zucker
3 Eßl. Sahne
250 g geriebene Haselnüsse
2 Eßl. Rum, 250 g Mehl
1 P Backpulver
⅛ l Milch

Eigelb und Zucker werden schaumig gerührt; danach Sahne, geriebene Haselnüsse, Rum, Milch und das mit dem Backpulver vermischte gesiebte Mehl zugeben. Zuletzt wird der Eischnee untergehoben und das Ganze in die vorbereitete Springform gefüllt. Backzeit 1 Stunde bei 175–190° C.

Marzipan

Fast alle der hier beschriebenen Kuchen sind mit Marzipan eingeschlagen – einerseits zur Geschmacksverfeinerung, andererseits, um ihnen eine glattere Oberfläche für den darauffolgenden Guß zu geben.

Dafür benötigt man vor allem Marzipanrohmasse, die mittlerweile in 200 Gramm-Pakkungen auch in gut sortierten Supermärkten zu finden sind. Sollte in Ihrer Nähe jedoch ein Süßigkeitsladen sein, so können Sie die Masse dort auch vom Stück kaufen. Ich konnte allerdings keinen Unterschied feststellen: Beide Sorten waren frisch genug, um sie weiter zu verarbeiten.

1   2   3

1. Legen Sie das Marzipan auf eine möglichst flache Fläche und streuen Sie mit einem Sieb so viel Puderzucker über die Masse, daß sie gut bedeckt ist; dann wird der Puderzucker mit beiden Händen in das Marzipan geknetet. Dies geschieht so lange und mit entsprechend viel Puderzucker, bis das Marzipan geschmeidig wird. Dann legt man am besten eine Lage Backpapier auf den Tisch, klebt dieses an allen vier Seiten fest, und beginnt das Marzipan mit einem Nudelholz auszurollen. Reißt oder bröckelt es dabei, müssen Sie mit mehr Puderzucker weiterkneten.

2. 400 gr. Marzipan ergeben etwa die Lagengröße von zwei Schreibmaschinenpapierblättern, was für die meisten Kuchen genau richtig war. Mit einer Dicke von ca. 2 mm sind kleinere Unebenheiten des modellierten Rohlings gut zu überdecken. Rollt man das Marzipan dünner aus, wird die Oberfläche entsprechend unebener – was bei manchen Kuchen zwar einen bestimmten Realismus noch unterstreicht, doch meist unerwünscht ist.

3. Zum Schluß wird mit einem Messer oder einem Backpinsel noch Aprikosenmarmelade auf das ausgerollte Marzipan gestrichen, bevor dann der Rohling darin eingeschlagen wird.

Schokoladencouvertüre

Einige Kuchen wurden, da ihre Farbe jeweils braun oder beige sein sollte, mit Schokoladencouvertüre überzogen. Man kann sie natürlich so zubereiten, wie auf der Packung beschrieben, nämlich im Wasserdampfbad erhitzen – oder die Masse im Topf mit einer Beigabe von Butter oder Öl direkt erhitzen. Durch ständiges Rühren vermeiden Sie, daß die Schokolade anbackt. Sollte das aber doch passieren, ist mit einem weiteren Stich Butter schnelle Abhilfe geschaffen.

Puderzuckerglasur

Ist ein Kuchen mit Marzipan eingeschlagen, bekommt er seine eigentliche Charakterisierung durch den Puderzuckerguß.

Die Herstellung ist denkbar einfach. Etwas Wasser, Zitronensaft und Puderzucker werden zu einer sämigen Masse gerührt. Ein wenig Erfahrung tut gut, um die richtige Konsistenz zu erreichen. Es empfiehlt sich daher, den Guß an restlichen Teigstücken auszuprobieren; er darf nicht zu dünn und nicht zu dick sein: Ist er zu dünn, deckt er nicht, so daß man nochmals übergießen muß. Ist er zu dick, fließt er nicht gleichmäßig über den Kuchen und es entstehen Unebenheiten. Außerdem trocknet er entsprechend schnell an, so daß sich Ränder ergeben oder – wenn zum Verteilen ein Messer oder ein Pinsel benutzt werden – Risse entstehen. Im Zweifelsfall ist es aber immer noch besser, den Guß zu dünn angerührt zu haben, da es einfacher ist, das Objekt nochmals zu übergießen als zu dick geratenen Guß abzukratzen.

Hat nun die Glasur die richtige Konsistenz, können Sie ihr mit Lebensmittelfarben jeden gewünschten Ton geben. In gut sortierten Supermärkten gibt es sie jeweils in den vier Grundfarben. Ich habe das Wasser, den Zitronensaft, den Puderzucker und die Farbe immer auf einmal angerührt, da sonst die Flüssigkeit der Farbe die Konsistenz wieder geändert hätte.

So hingegen war es ein Arbeitsgang; es braucht seine Zeit, bis der Zucker völlig aufgelöst ist, und ich habe mir trotz rationeller Arbeitsweise vom vielen Rühren so manch lahmen Arm geholt.

Vorsicht! Kamera!

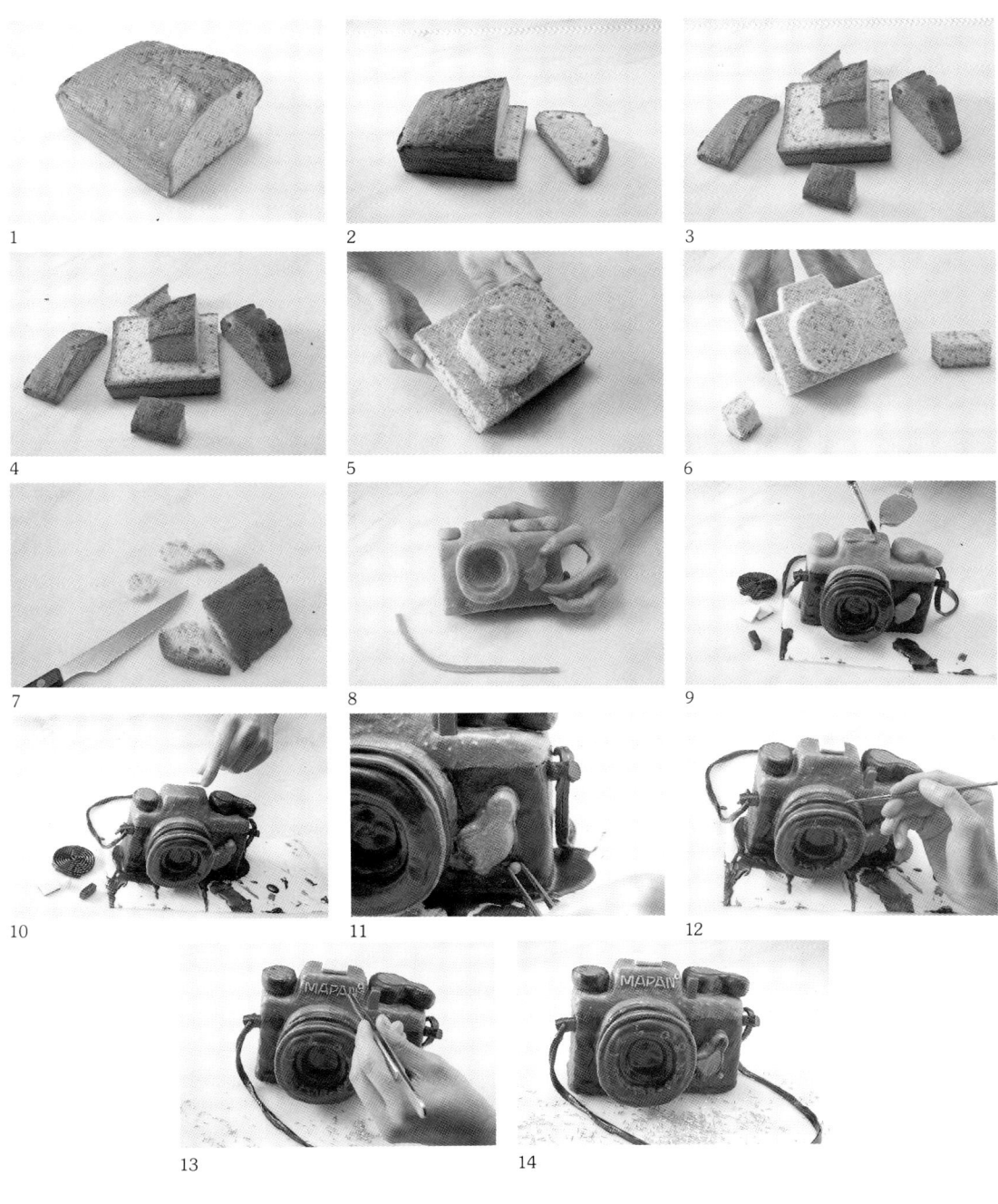

1

2

3

4

5

6

7

8

9

10

11

12

13

14

1. Backen Sie einen Rührteig von 15 cm Länge und 11,5 cm Breite und schneiden bis auf einen Sockel von 3 cm links eine Scheibe von 3 cm und rechts eine von 6,5 cm ab.

2. Trennen Sie von oben 3 cm und von unten 2 cm ab; jetzt stehen die ersten Konturen des Objektives.

3. Begradigen Sie alle äußeren Kanten ebenso wie die Oberfläche des Objektives; danach werden die Ecken abgerundet.

4. Schneiden Sie nun das Sucherprisma heraus, indem Sie den Teig über dem Objektiv bis auf einen Block von ca. 6 cm – jeweils durch eine Schräge begrenzt – heraustrennen. Höhlen Sie nun mit einem kleinen Löffel das Objektiv zweistufig aus.

5. Schneiden Sie aus dem restlichen Teig den Blendenknopf, den Hebel zum Spannen und den Tiefenschärfeknopf. Das ist etwas mühsam, da deren Höhe nur 0,5 cm ist und die Teile eben sehr klein sind; man kann sie auch aus Marzipan formen.

6. Schlagen Sie die Kamera mit ca. 200 g Marzipan ein, ebenso die drei Bedienungsknöpfe, die mit Marmelade angeklebt werden. Rollen Sie zwei Reifen für das Objektiv aus und legen den einen ganz vorne an, den zweiten im Abstand von 0,5 cm dahinter. Zum Schluß schneiden Sie aus restlichem Marzipan einen Streifen von 0,5 cm Breite und legen ihn noch hinter dem zweiten Reifen um das Objektiv.

7. Bohren Sie in zwei Lakritzvierkanten am oberen Ende zwei Löcher, durch die eine ausgerollte Lakritzschnecke durchgesteckt wird. Die Vierkante werden dann jeweils rechts und links in die Seite der Kamera gedrückt – so ergibt sich das Umhängeband. Rühren sie aus roter, blauer und grüner Lebensmittelfarbe (jeweils ein Tropfen) Puderzuckerglasur an und streichen mit einem dicken Tuschepinsel den unteren Teil der Kamera an. Für die obere Hälfte benötigen Sie silberne Lebensmittelfarbe; mir ist es nicht gelungen, etwas derartiges zu erstehen, was aber nicht heißen soll, daß es auch anderswo keine gibt.

So habe ich ein wenig improvisiert, indem ich in einem Schnapsglas mit 2–3 Teelöffeln Puderzucker und Wasser Silberstreusel aufgelöst habe. Das ergibt tatsächlich eine schöne silberne Farbe. Wenn man will, schüttet man die Farbe durch ein Teesieb – und fertig ist die Glasur; mir gefiel es besser, die restlichen Zuckerteilchen mit auf die Kamera zu streichen, da so der Aufsatz ein wenig Struktur bekommt.

8. Die Halterung für das Blitzlicht ist aus einem bunten Lakritzplättchen; kleben Sie dies mit Marzipan an.

9. Nun folgt der Auslöser; dazu teilen Sie ein weiteres Lakritzbonbon in der Mitte, streichen es mit roter Lebensmittelfarbe ein und drücken es vor dem Spanner in den Guß. Ein buntes Knöpfchen am Tiefenschärfer setzen Sie aus einer Liebesperle mit einer Pinzette in den Guß.

10. Mit der restlichen Silberglasur werden die Zahlen von Blenden und Entfernungen auf das Objektiv gemalt.

11.–14. Nun geben Sie ihrer Kamera noch einen Namen, indem Sie das Gehäuse oberhalb des Objektivs mit Aprikosenmarmelade bestreichen, aus Silberstreuseln Buchstaben formen und diese mit einer Pinzette vorsichtig andrücken.

Karpfen blau

Vergleichen Sie diesen Text bitte mit den detaillierten Bildanweisungen im Farbteil.

Stellen Sie sich vor: Es ist Weihnachten, Sie servieren den üblichen Karpfen. Der Hausherr, ganz Patriarch, zückt mit gebieterischer Miene das Tranchiermesser, schneidet hinein... und dann das... Ihre Kinder, denen das alljährliche Spektakel eh auf den Wecker geht, haben endlich was zu lachen, und ich hoffe, Sie beiden auch.

1. Lösen Sie in ein wenig warmem Wasser Zucker auf, tröpfeln den Saft zweier Zitronen in den Topf und lassen die Flüssigkeit stehen.

   Legen Sie kurz vor dem Erkalten Petersilie in den Topf und hängen die einzelnen Sträuße zum Trocknen auf eine Leine, bis der Zucker steif und glasig ist. Bakken sie einen Rührteig in einer Kastenform und schneiden die vier Ecken quer ab. Dort, wo der Schwanz sein soll, schneiden Sie ein spitzwinkliges Dreieck ein.

2. Schneiden Sie hinten wie vorne an der Oberfläche eine Schräge und runden die übrigen Kanten ab.

3. Teilen Sie den Teig längs in der Mitte durch und schneiden eine rechteckige Höhlung für die Füllung aus. Zuckern Sie ½ Pfund Sahnequark und mischen ihn mit 500 g Heidelbeeren. Verteilen Sie die Mischung in der Vertiefung.

4. Setzen Sie die Teile aufeinander und schlagen das Ganze mit 400 g Marzipan ein.

5. Um den Karpfen mehr »Rückgrat« zu geben, legen Sie aus Marzipan eine ca. 2 bis 3 cm dicke Rolle auf den Rücken und gleichen diese der Form an.

6. Schneiden Sie aus Marzipan vier seitliche Flossen für den Rücken und eine für den Schwanz zu. Ebenso formen Sie das Maul und setzen alles bis auf die Flossen an.

7. Rollen Sie nun 200 g Marzipan aus und stechen mit dem Kopf einer Sahnetülle halbmondartige Schuppen aus.

8. Aus dem restlichen Marzipan werden Kiemen in drei Größen geschnitten.

9. Rühren Sie (mit einem Tropfen blauer Lebensmittelfarbe) hellblaue Glasur an und gießen sie ein erstes Mal über den Fisch. Legen Sie danach die Kiemen auf. Beginnen Sie mit der größten, so daß sich die Abstufungen zeigen.

10. Setzen Sie die beiden übrigen Flossen rechts und links unter die größte Kieme. Jetzt kommen die Schuppen auf den noch feuchten Guß.

11. Bereiten Sie die Augen vor; dazu besorgen Sie sich aus einem Süßigkeitsladen Bonbonketten und schneiden Sie auf, so daß die einzelnen Perlen vor Ihnen liegen. Nehmen Sie zwei weiße und schneiden aus einem Lakritzbonbon kleine Vierkanten, die durch das weiße Perlenglied gesteckt werden.

12. Mit der restlichen Glasur werden Gesicht und Kiemen begossen, danach die Augen eingesetzt.

13. **und 14.** Rühren Sie nun einen Ton dunkleres Blau an und gießen ihn über Flossen, Schwanz und Schuppen. Tragen Sie an beiden Enden des Transparentpapiers den Fisch auf eine ovale Platte und trennen das Papier mit dem Skalpell ab.

Inschallah

Vergleichen Sie diesen Text bitte mit den detaillierten Bildanweisungen im Farbteil.

1. Backen Sie zwei Bisquitteige im Durchmesser von 26 cm, deren Sie einen zum Quadrat schneiden.
2. Teilen Sie den noch runden Kuchen in neun Stücke und teilen das Quadrat in zwei Schichten, so daß sich zwei Quadrate ergeben. Schlagen Sie ein ¼ Liter Sahne und geben zur besseren Festigkeit Sahnesteif hinzu.

   Streichen Sie diese auf und in die untere Hälfte und belegen Sie den Teig mit einer Banane, die Sie in Scheiben schneiden, und halben Erdbeeren.
3. Legen Sie nun die obere Hälfte auf den mit Früchten belegten Teil.
4. Der mittlere, quadratische Block des zweiten Kuchens wird nun auf die Mitte des unteren Teigs gesetzt. Teilen Sie dann zwei der gegenüberliegenden Stücke in zwei Schichten und runden die oberen Kanten weiter ab.
5. Stellen Sie diese vier halbrunden Teile auf den unteren Teil an den quadratischen Block.
6. Teilen Sie die zwei Negerküsse ebenfalls längs und stellen Sie sie vor die halbrunden Teile.
7. Schlagen Sie 1 Liter Sahne (wieder mit Sahnesteif) und streichen damit das gesamte Objekt ein.

   Stellen Sie es vorher unbedingt auf eine geeignete Unterlage, da es sonst nicht »portabel« wäre.
8. Setzen Sie nun Fenster und Türen ein, wobei Sie Ihrer Phantasie freien Lauf lassen können. Am besten suchen Sie sich dazu in Süßwarenläden oder Kaufhäusern die schönsten Bonbons zusammen und stecken sie rundherum in die Sahne.
9. Jede Moschee hat verschiedene Minarette – unsere sind aus rosafarbenen und gelben Zuckerstangen. Auch hierbei gibt es so viele Muster, daß uns die Wahl schwerfiel. Die Balkone um die Minarette wurden aus weißer, sehr dicker Puderzuckerglasur mittels einer Sahnetülle um die obere Kante herumgespritzt.
10. Nutzen Sie die Trockenzeit der Glasur zum Anrühren der roten Götterspeise. Füllen Sie die noch warme Flüssigkeit in ein Rotweinglas und lassen Sie sie im Kühlschrank erkalten.

    Setzen Sie währenddessen die Zuckerstangen in den Kuchen und kleben Sie mit Aprikosenmarmelade jeweils zwei weiße und zwei rosafarbene Kokosmakronen auf das obere Ende. Ist die Götterspeise erkaltet, stülpen Sie sie vorsichtig auf die Mitte der Moscheekuppel.

    Nehmen Sie nun einen Rest Sahne und die wieder gesäuberte Tülle und spritzen Sie damit einen Kreis auf die Mitte der Kuppel.
11. Setzen Sie nun dem Ganzen eine Krone auf, indem Sie ein Himbeerbonbon in den Sahnekranz legen. (In größeren Städten gibt es mittlerweile Candyboutiquen, die allerlei ausgefallenes Süßes führen; wenn man keinen Mond findet, sieht eine Makrone ebenso schön aus.)

    Die Palmen sind aus roten Weingummistangen und Marzipanrohmasse hergestellt, die mit hellgrüner Glasur überpinselt wurden.

Telephon

Vergleichen Sie diesen Text bitte mit den detaillierten Bildanweisungen im Farbteil.

1. Backen Sie einen Rührteig von 28 cm Durchmesser und legen die Schablone darauf.
2. Schneiden Sie die Umrisse mit etwas Spiel nach der Schablone aus. Die Rundungen an der Gabel werden bis auf die Mitte der Höhe herausgetrennt; danach wird passend die Mitte des Hörers von unten ausgehöhlt. Runden Sie nun die äußeren Ekken des Hörers ab.
3. Schlagen Sie das Telephon mit Marzipan ein.
4. Rühren Sie mit Lebensmittelfarbe rote Glasur an, womit das Telephon begossen wird.
5. Aus Lakritzbonbons entsteht die Tastatur, auf die mit Zuckerglasur aus der Tube die Zahlen aufgezeichnet werden.
6. Kleben Sie die Klötzchen mit Aprikosenmarmelade auf. Zum Schluß rollen Sie rote Spaghettiweingummi über einen Bleistift und stecken das eine Ende in den Hörer, das andere in den Telephonkörper.

Mein Name ist Hase

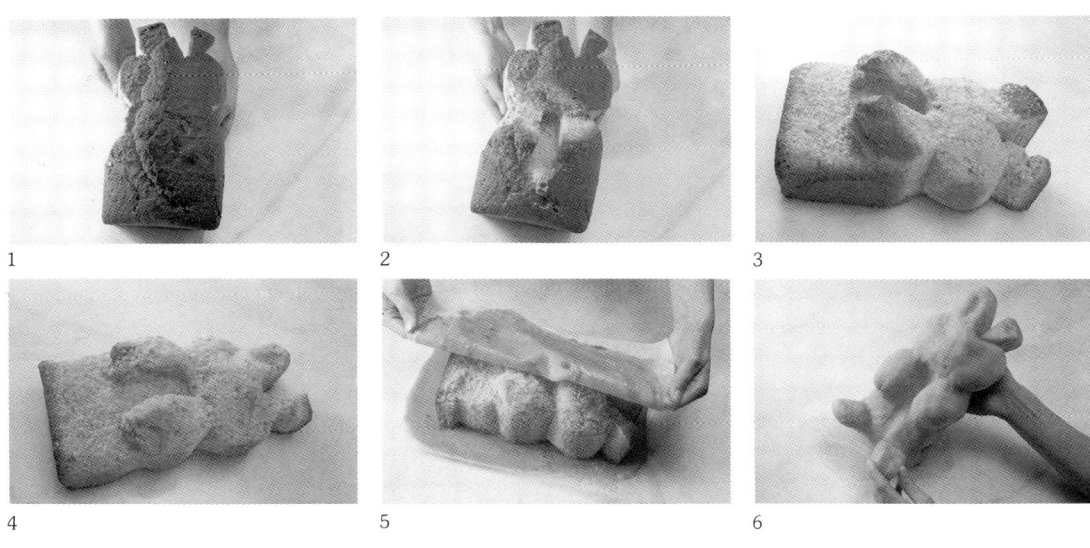

1   2   3

4   5   6

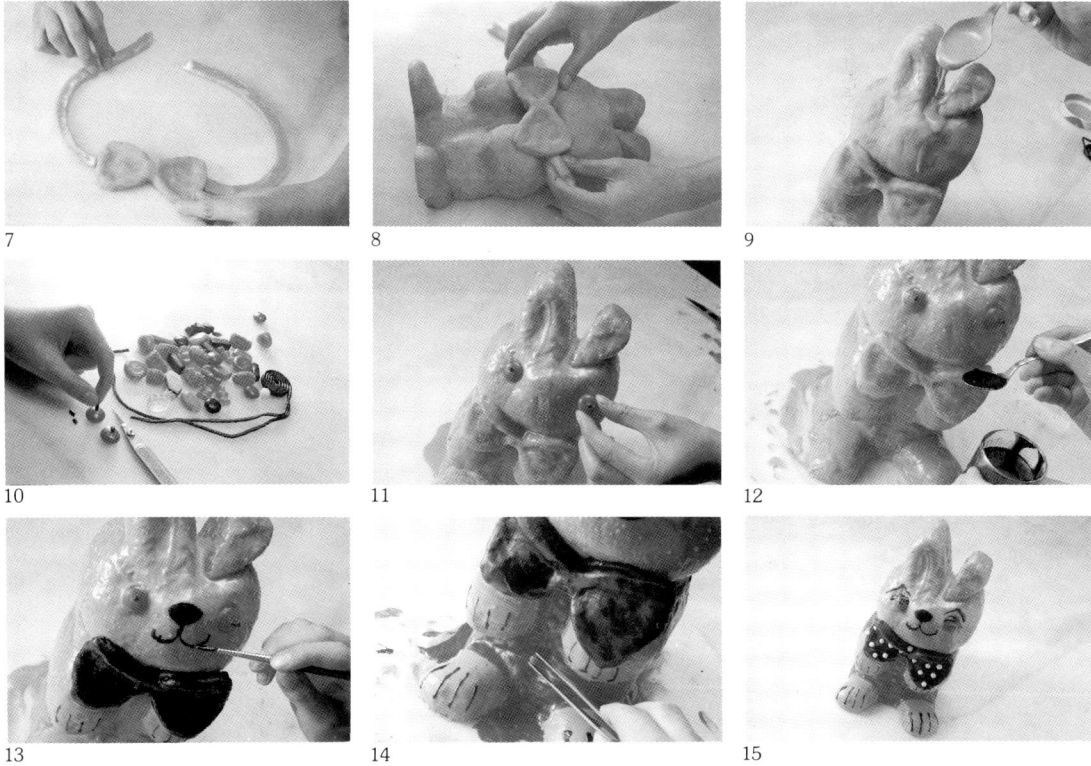

7 8 9

10 11 12

13 14 15

»Mein Name ist Hase, ich weiß von nichts« und dabei sehe ich trotzdem ganz pfiffig aus, nicht wahr? Was so eine Fliege alles ausmacht! Da ist man doch gleich ein ganz anderer Hase. Jetzt können Sie mich überall hinschenken: Ich bin nämlich zuckersüß.

Was sich so mancher Hase alles einbildet – auch wenn er recht hat: Denn mit seinem weißen Schokoladenüberzug ist er schon etwas ganz Besonderes.

1. Backen Sie einen Rührteig in einer Kastenform mit den Maßen 23 mal 11,5 cm. Dann kommen zuerst die Ohren dran: Dazu schneiden Sie jeweils rechts und links einen Block von 2 cm Breite und 5 cm Länge heraus, bilden an den Seiten ein Halbrund und arbeiten nun die Innenteile der Ohren heraus, indem Sie von der oberen Mitte ein spitzes Dreieck von 2 cm Breite und 5 cm Länge einschneiden. Setzen Sie nun wieder an den Seiten an und modellieren die Kopfform heraus, indem Sie am unteren Ohrenansatz ein Halbrund von 6 cm Länge schneiden. Gleichen Sie die Rundung des Kopfes an den Körper an.

2. Vervollständigen Sie nun die Plastizität des Kopfes und trennen gleichzeitig die Vorderpfoten heraus, indem Sie von der Oberfläche des Kuchens unter der Mitte des Kopfes ein flaches Dreieck mit einer Länge von 6 cm etwa 3 cm tief in den Teig schneiden.

Setzen Sie nun an der tiefsten Stelle des herausgetrennten Dreiecks an und schneiden nochmals ein Rechteck von

2 cm Breite, 5 cm Länge und 3 cm Tiefe heraus.

3. Glätten Sie nun die Oberfläche des gesamten Körpers, indem Sie die Kruste des Teigs vorsichtig abtragen.

Beachten Sie, daß die Pfoten den hervorstehendsten Teil bilden – das heißt, daß unterhalb derselben der Teig bis zu 3 cm tief abfallen muß.

4. Schleifen Sie nun übrige Unebenheiten ab, und kerben Sie in das linke Ohr eine kleine Mulde.

Das rechte soll abgeknickt sein – deshalb die Kanten am oberen Ende. Modellieren Sie zwei Mulden für die Augen im Kopf heraus; so ergibt sich automatisch der Vorsprung für die Stupsnase. Runden Sie auch die Pfoten etwas ab, und schneiden Sie einen Sockel heraus, wozu Sie von den Pfoten abwärts bis auf ca. 1 cm vom Boden jeweils seitlich 1 cm wegnehmen.

5. Rollen Sie 300 g Marzipan aus und schlagen den Kuchen darin ein.

6. Formen Sie aus 100 g Marzipan zwei Vorderfüße in einer Länge von 6 cm und setzen sie an den Körper.

7. und 8. Bilden Sie (ebenfalls aus Marzipan) eine Fliege, die um den Hals gelegt wird.

9. Rühren Sie die weiße Schokoladencouvertüre mit einer Packung Nußkrokant oder Haselnußsplitter an und begießen den Hasen.

10. Die Augen werden aus zwei orangefarbenen Karamelbonbons und zwei 0,5 cm langen Lakritzstreifen hergestellt, die mit Aprikosenmarmelade senkrecht aufgeklebt werden.

11. Drücken Sie nun die Augen in die noch feuchte Couvertüre. Rühren Sie in einem Schnapsglas aus Puderzucker und einem Tropfen roter, grüner und blauer Farbe schwarze Glasur an und begießen die Fliege.

12. Pinseln Sie anschließend mit der gleichen Glasur ein Dreieck als Nase, den Mund und die Streifen für die Pfoten und die Füße ein.

13.–15. Rühren Sie nun die rote Glasur an und bepinseln den Körper.

Zum Schluß stecken Sie mit einer Pinzette weiße und gelbe Liebesperlen in die Fliege, vier folgen als Knöpfe für den roten Mantel.

Das lachende Krokodil

Vergleichen Sie diesen Text bitte mit den detaillierten Bildanweisungen im Farbteil.

Dem Krokodil, dem Krokodil, dem gehts nicht nur um Lebensstil...

Kaum zu glauben, wenn man es so da sitzen sieht. Die Pfoten auf den Bauch, an eine Zuckerstange angelehnt, hat es allen Grund zum Lachen – bis es vor Lachen sich den Bauch hält und Krokodilstränen weint.

1. Backen Sie einen Rührteig von 28 cm in einer runden Form, legen die Schablone darauf und schneiden die Umrisse mit ca. 1 cm Spiel aus; danach wird der Körper abgerundet.

2. Formen Sie aus Marzipan Arme und Beine. Schneiden Sie dazu vier Blöcke von

jeweils 6 cm Höhe, 2 × 2 cm Breite und formen Sie die Körperansätze zu einem flachen Teller. Die Krallen können Sie sauber mit einem Messer ausschneiden.

3. Kleben Sie Arme und Beine mit Aprikosenmarmelade an den Teig.

4. Rühren Sie für den Bauch einen blaßgelben Ton mit Puderzuckerglasur und 1–2 Tropfen Lebensmittelfarbe an und tragen diese mit einem mittleren Pinsel auf. Danach mischen Sie eine grüne Glasur und begießen den restlichen Körper, sparen aber Arme und Beine aus.

Da die Oberfläche eines Krokodils eher krumplig als glatt ist, habe ich auf einen Marzipanmantel verzichtet. Das bedeutet aber, daß man zwei- bis dreimal übergießen muß, da die Glasur nach dem ersten Guß zu sehr in den Teig einsickert. Mischen Sie deshalb für die grüne Fläche ca. ½ Liter Glasur an.

5. Pinseln Sie anschließend mit grüner Lebensmittelfarbe Arme und Beine an, und formen kleine Ellipsen für die Augen, welche ebenfalls mit gelber und grüner Lebensmittelfarbe angestrichen werden. Die Pupille wird mit einer schwarzen Liebesperle in das Marzipan gedrückt.

Aus den weißen Teilen eines Lakritzbonbons habe ich Zahn und Nüstern geschnitten. Das Käppi ist aus Marzipan geformt. Rollen Sie dafür eine kleine Fläche aus und stechen mit einem Schnapsglas eine runde Form aus, rollen eine Kugel (als Ponpon auf der Mütze) und schneiden schließlich für das Schild aus dem Rest der ausgerollten Masse einen Halbkreis.

Zusammengefügt setzen Sie das Käppi vorsichtig mit beiden Händen auf und geben ihm die endgültige Form, wenn es auf dem Kopf sitzt. Malen Sie mit roter Lebensmittelfarbe die Mütze, den Ponpon mit gelber Farbe an.

6. Nun streuen Sie braunen Zucker auf eine Holzplatte, durch die zuvor etwa 3 cm vom Rand entfernt ein Loch mit dem Durchmesser einer Zuckerstange gebohrt wurde. Stecken Sie die Stange hinein und verteilen den Zucker auf der Platte. Jetzt setzen Sie das Krokodil vorsichtig auf den Zucker und garnieren das Ganze.

Froschkönig

1   2   3

4

5

6

7

8

9

10

11

12

Wer wollte nicht schon mal den erlösenden Kuß von seiner (oder seinem) Liebsten bekommen, in der Hoffnung, daß sich plötzlich alles ändern möge? Treten Sie mit diesem kleinen Kerl vor sie oder ihn hin, und der Versöhnung wird nichts mehr im Wege stehen. Denn wie sagte schon der gute alte Heinrich des jungen Prinzen, als jener rief: »Heinrich, der Wagen bricht.« »Nein, Herr. Es ist nur ein Band von meinem Herzen, das da lag in großen Schmerzen, als ein Frosch Ihr noch ward.« Nun ja, wer will das schon sein.

1. Backen Sie einen Rührteig in einer Kastenform.

13

14

15

16

17

18

2. Schneiden Sie daraus einen Block mit einer Grundfläche von 13 × 10 cm und einer Deckfläche von ca. 11 × 10 cm. Die hintere Höhe beträgt 4 cm, die vordere 8 cm.

3. Beginnen Sie nun mit der Kopf- und Rükkenpartie, wozu an beiden Seiten von vorn nach hinten ein Keil von 2 cm Tiefe und 3 cm Breite herausgeschnitten wird.

4. Trennen Sie anschließend einen weiteren Keil für die Stirn heraus. Nun runden Sie den Rücken ab und verkürzen ihn soweit, daß sich hinten mindestens 1 cm Rand ergibt.

5. Wenden Sie sich nun wieder der vorderen Seite zu und schneiden ein Rechteck unterhalb des Kopfes heraus.

6. Jetzt werden die Schenkel modelliert, indem rechts und links ein jeweils 2 cm tiefer Schnitt von unten zum Kopf hin geschwungen wird.

7. Entsprechend folgen die Hinterbeine; schneiden Sie von der Mitte soviel Teig heraus, daß sich rechts und links jeweils zwei Schenkel herausbilden.

8. Setzen Sie den Frosch mit ca. 1 cm Abstand an den Rand des Marzipans, und schlagen Sie zuerst Füße und Bauch ein. Dies drücken Sie fest, und schlagen dann den Rest ein.

9. Augen und Zehen werden aus dem restlichen Marzipan geformt und an den Körper gedrückt.

10. Markieren Sie die Augen.

11. Mischen Sie mit gelber Lebensmittelfarbe und Puderzucker in einer Tasse etwas Glasur für den Bauch an und tragen diese mit einem Pinsel auf. Es empfiehlt sich

natürlich, die hellere Farbe zuerst aufzubringen.

12. Dann folgt die grüne Glasur.

13. Drücken Sie die aus Lakritzbonbons geschnittenen Augen in den frischen Guß.

14. Ebenso die Schokoraspeln; beides haftet nur, wenn der Guß noch frisch ist.

15. Malen Sie mit dunkelgrüner Lebensmittelfarbe einen breiten Mund auf.

16. Zum Schluß formen Sie aus Marzipan das Krönchen: Schneiden Sie dazu spitze Dreiecke zu und kleben diese mit Aprikosenmarmelade auf einen ca. 2 cm hohen kreisförmigen Körper.

17. Aus roter und gelber Lebensmittelfarbe entsteht ein goldgelber Ton, der mit einem Pinsel aufgetragen wird.

18. Zum Schluß kommen mit einem Messer Silberstreusel auf die noch feuchte Farbe.

Naschkatze im Streuselmond

Vergleichen Sie diesen Text bitte mit den detaillierten Bildanweisungen im Farbteil.

1. bis 3. Backen Sie einen Rührteig mit einem Durchmesser von 28 cm, zeichnen die Schablone und legen sie auf den gebackenen Teig. Schneiden Sie die Umrisse aus.

4. Dann alle Kanten des Mondes abrunden. Bei der Katze beginnen Sie an der höchsten Stelle, der Nase, den Teig vorsichtig mit einem kleinen Messer abzutragen. Ziehen Sie einen Kreis auf der Mitte des Kopfes und arbeiten Sie einen sanften Kegel heraus.

Runden Sie die äußeren Kanten des Kopfes ab und modellieren zwei dicke Backen. Die Augen sind nach der Nase die nächste Erhöhung. Schneiden Sie für die Ohren eine Schicht Teig ab, da sie am tiefsten liegen. Dann folgt eine Einkerbung unterhalb des Kopfes, um die Vorderbeine zu markieren. Zugleich mit dem Abrunden der Kanten wird der etwas tiefer liegende Körper modelliert.

5. und 6. Rollen Sie 2 Lagen Marzipan (ca. 600 g) aus und schlagen den Kuchen ein.

7. und 8. Mischen Sie für den Kopf weiße Glasur, rote für den Körper. Begießen Sie zuerst den Kopf und malen danach mit dem Pinsel, in wenig rote Farbe getaucht, die Ohren und die Nase, so daß sich die Farben hier etwas vermischen.

Anschließend wird der Körper gegossen, wobei der Schwanz wiederum mit weißer Glasur übermalt wird. Mischen Sie nun beide Glasuren zu einem Blaßrosa für den Mond und streuen Silberstreusel in den noch frischen Guß.

9. und 10. Zum Schluß folgt das Gesicht. Mischen Sie dazu blaue, rote und grüne Lebensmittelfarbe zu Schwarz und malen Sie vorsichtig mit dem Pinsel. Miau!

Freitag

Vergleichen Sie diesen Text bitte mit den detaillierten Bildanweisungen im Farbteil.

Dieser Kuchen entstand zum Geburstag eines Freundes, dessen steter Begleiter »Freitag« hieß.

1. und 2. Backen Sie einen »crazy-up«-cake oder Rührteig von 26 cm Durchmesser und schneiden diesen in eine ovale Form.

3. und 4. Nun trennen Sie die Kopfform in ca. 2 cm Dicke heraus, runden die hinteren Kanten ab und arbeiten eine schöne Wölbung von der Rückenpartie zum Schwanz heraus; dieser liegt um den Körper und wird ebenfalls abgerundet.

Kleben Sie aus Teigresten mit Aprikosenmarmelade eine Stütze für den Kopf und legen diese auf die Stelle, wo Sie die Kopfform herausgetrennt haben.

5. Modellieren Sie aus weiteren Teigresten zwei Ohren, eine spitze Hundeschnauze sowie einige Dreiecke, und kleben Ohren und Schnauze mit Aprikosenmarmelade auf den Kopf und die Dreiecke auf den Schwanz, um ihn etwas buschiger erscheinen zu lassen. Lösen Sie nun Schokoladencouvertüre auf und gießen sie über den Hund.

6. Halbieren Sie ein gelbes Osterei oder ein anderes Bonbon und drücken Sie es in die Schokolade. Schneiden Sie kleine Vierkanten aus Lakritz zu und kleben diese mit Honig oder Marmelade auf die gelben Augen. Rollen Sie aus Marzipan eine Kugel für die Nase und drücken Sie sie ebenfalls in die Couvertüre. Mischen Sie aus roter, blauer und grüner Lebensmittelfarbe Schwarz und pinseln damit die Nase an.

7. und 8. Formen Sie ein Zünglein aus Marzipan, malen es mit Lebensmittelfarbe rot und drücken es an die Spitze der Schnauze. Zum Schluß wird mit einer Stecknadel eine rote Schleife am Hals befestigt.

Knochenkunst

1

2

3

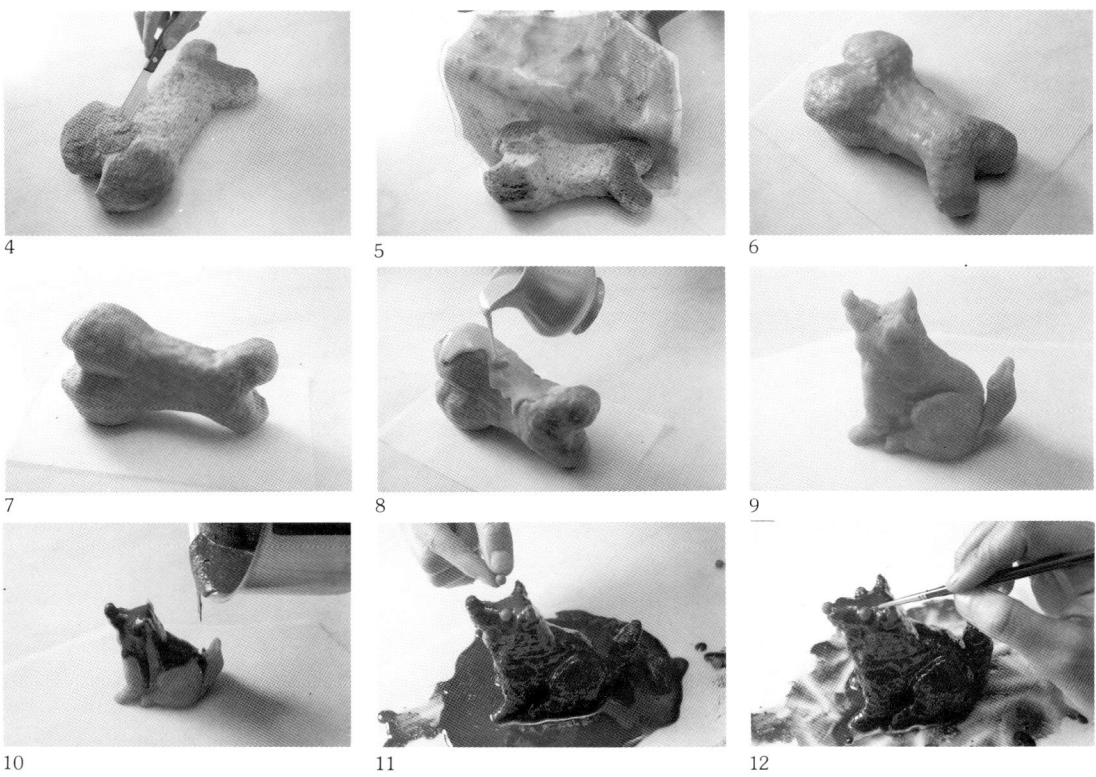

4
5
6
7
8
9
10
11
12

Wieviel Zeit habe ich schon darauf verschwendet, meinen vierbeinigen Lieblingen die Probleme der Kunst nahezubringen. Mehr als einmal habe ich sie ins Museum geschleift, aber das einzige, was sie interessierte, waren die meterhohen Pflanzen in jeder Ecke eines Ausstellungsraumes. Eigentlich müßte ich dieses Vorhaben aufgeben, denn selbst bei einigen Biographien alter Meister, die ich abends am Kamin vorlas, sind sie mir schon nach den ersten Sätzen unter der Hand eingeschlafen. Leider ist mir eine gewisse Penetranz zu eigen, so daß ich die Hoffnung noch nicht aufgebe. Und siehe da, mein neuester Versuch in dieser Richtung stieß auf Erfolg: Wie Sie sehen, bin ich diesmal das Thema Kunst von einer realistischeren Position angegangen.
Backen Sie...

1. Backen Sie einen Rührteig in einer Kastenform von 23 cm mal 11,5 cm. Schneiden an einer Kurzseite beide Ecken ab.

   Setzen Sie jetzt das Messer an den unteren Ecken an, und schneiden eine Schräge von 6 cm Länge und 3 cm Tiefe; dann ziehen Sie den Schnitt auf einer Länge von etwa 10–11 cm gerade durch und danach wiederum schräg zu den äußeren Seiten.

2. Schneiden Sie jeweils oben und unten ein Dreieck heraus.

3. Setzen Sie das Messer an der Oberfläche am Anfang der seitlichen Geraden an und schneiden in einer leichten Rundung durch den Teig – bis auf 3 cm an das abgetrennte Dreieck heran.

4. Runden Sie die Ecken und Kanten ab und ziehen an dem dickeren Ende die Einkerbung auf die Oberfläche weiter.
5. Rollen Sie 300 g Marzipan aus und schlagen den Knochen darin ein.
6. Um den Knochen abgenagt erscheinen zu lassen, drücken Sie mit der Fingerkuppe in das Marzipan. So erhält er seine unebene Struktur.
7. Stellen Sie nun den Knochen seitlich auf und rühren entweder weiße Couvertüre oder mit einem Tropfen gelb vermischte Puderzuckerglasur an und übergießen den Kuchen; anschließend in dieser Position trocknen lassen.
8. Formen Sie aus 200 g Marzipan den etwa 8 cm großen Hund. Dazu benötigen Sie eine größere und eine kleinere ovale Kugel; beide setzen Sie aufeinander und verbinden sie durch Druck. Formen Sie mit einem Pinsel beidseitig die Schenkel heraus; die Vorderpfoten ziehen Sie aus der größeren Kugel, die hinteren werden ebenso wie Ohren und Schwanz angesetzt. Zum Schluß drücken Sie mit einem Pinselrücken zwei Mulden für die Augen ein.
9. Rühren Sie braune Schokoladencouvertüre an und gießen Sie sie über den Hund.
10. Aus zwei gelben Liebesperlen entstehen nun die Augen.
11. und 12. Malen Sie anschließend mit dunkler gemischter Lebensmittelfarbe kleine Punkte auf die Augen und setzen eine rote Liebesperle als Nase auf.

Teddybär

1. Backen Sie einen Rührteig in einer Kastenform von 23 mal 11,5 cm, mit einer Höhe von ca. 10 cm. Lassen Sie einen Sockel von 5 cm – die späteren Füße – stehen und schneiden darüber rechts und links 2 cm tief in den Teig hinein. Setzen Sie nun das Messer 10 cm weiter oben an und schneiden beidseitig eine Rundung abwärts bis zu dem vorigen Einschnitt; die Keile herausnehmen. An der 10 cm-Markierung werden nun die Umrisse des Kopfes herausgetrennt.

   Schneiden Sie auch eine leichte Schräge von 2–3 cm Breite in den Teig, und setzen dann oben an, wo eine Rundung für die Ohren in den Teig geschnitten wird. Trennen Sie vom Einschnitt der Schulter zu dem der Ohren einen Halbkreis heraus – und schon sind die Umrisse des Teddys fertig.

2. Modellieren Sie den Kopf. Dazu ritzen Sie mit dem Messer ein Quadrat von 3 × 3 cm für die Nase ein (die untere Markierung liegt beim Schulteransatz).

   Dieses Viereck ist der höchste Teil des Kopfes.

   Runden Sie nun die Tatzen heraus. Schneiden Sie einen Kreis mit ca. 3 cm Durchmesser an den äußeren Kanten jeweils 3–4 cm tief ein und runden die unteren Ecken des Sockels ab.

3. und 4. Schneiden Sie für die Beine ebenfalls 3–4 cm tief in den Teig und geben ihnen eine dreieckige Form. Modellieren Sie zum Schluß einen runden Bauch.

5. Rollen Sie 300 g Marzipan aus und schlagen den Kuchen ein.
6. Lösen Sie die weiße Schokoladencouvertüre auf und streichen den Bauch, die Nase und die Tatzen ein.

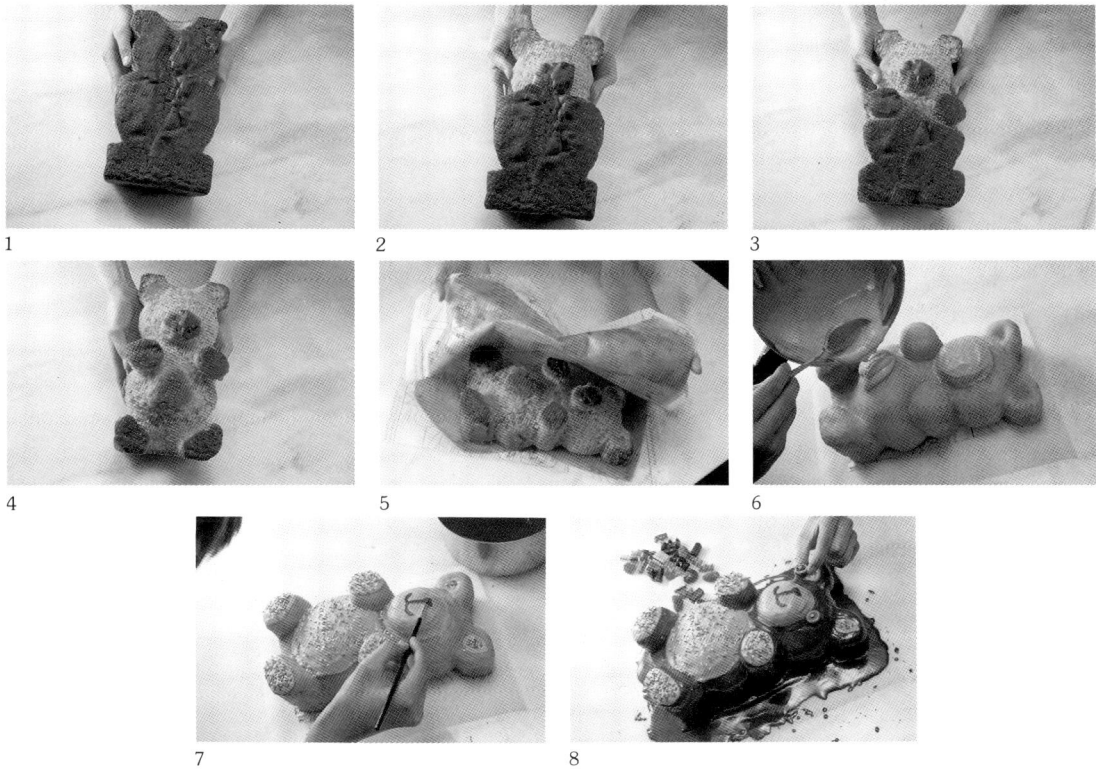

7. Streuen Sie bunte Schokostreusel über die noch weiche Schokolade, lösen nun die braune Couvertüre auf und bemalen mit einem Pinsel die Nase.

8. Übergießen Sie nun den Rest der Fläche mit brauner Schokolade, und präparieren danach die Augen. Dazu habe ich ein großes ellipsenförmiges Bonbon mit einer dunklen Füllung in der Mitte durchgeschnitten.

   Aus gelbem Lakritzkonfekt habe ich kleine Vierecke geschnitten und diese mit Aprikosenmarmelade in die Mitte der schwarzen Füllung geklebt. Die fertigen Augen werden dann in die Schokolade gesteckt.

Alle meine Entchen

1. Stellen Sie einen gebackenen Rührteig (Kastenform, 20 × 11,5 cm) seitlich hochkant auf und schneiden einen rechtwinkligen Block heraus.

2. Um Kopf und Schnabel anzulegen, folgt nun von oben ein zweiter Block – 3 cm tief und 4 cm lang. Damit ist die Grundform schon angelegt.

1

2

3

4

5

6

7

8

9

3. Runden Sie die Ecken des Kopfes ab und gehen zu Nacken und Rücken über, wo eine Biegung herausgeschabt werden muß. Dadurch wird der Bürzel sichtbar.

4. Nun werden Brust und Bauch herausmodelliert, wozu der Schnitt unter dem Schnabel ansetzt und 2 cm tief dann rechtwinklig nach unten gezogen wird.

5. Jetzt haben Sie die grobe Form und können zu den Feinarbeiten übergehen: Schneiden Sie den Schnabel nach vorne und den Bürzel nach hinten konisch zu und bringen in beide etwas Schwung.

6. Modellieren Sie zum Schluß den Kopf noch etwas nach, so daß er rund und fest direkt auf dem Körper sitzt.

10

11

12

13

14

15

16

17

7. Schlagen Sie die Ente in Marzipan ein.
8. Der kleine Flügel des Entchens ist durch das Aufgehen des Teiges während des Backens entstanden.
9. Weitere Teile habe ich aus Marzipan geformt und sie mit Aprikosenmarmelade angeklebt – vor allem den Ansatz und den oberen Teil des Schnabels.

Vielleicht haben Sie in Ihrem Badezimmer eine kleine Schwimmente? Schauen Sie mal hin, das ist nicht unkompliziert. Nehmen Sie für die feineren Rundungen den Kopf eines Pinsels zur Hilfe.

10. Die Augen sollten vor dem Gießen durch leichten Druck mit einem geeigneten Gegenstand angezeigt werden. (Ich habe zu

diesem Zweck den Kopf eines Salatbestecks gewählt.)

11. Übergießen Sie nun die Figur mit gelber Glasur.

    Das Transparentpapier unter der Ente soll nicht nur den Tisch vor Kleckereien bewahren, sondern dient zum Transport des fertigen Kuchens, wenn Sie ihn auf einem Teller oder einer Platte anrichten möchten.

12. Drücken Sie in den noch feuchten Guß die halbierten Lakritzbonbons und streuen je nach Belieben bunte Schokostreusel auf Kopf und Rücken.

13. Rühren Sie nun mit roter Lebensmittelfarbe etwas Guß für den Schnabel an und tragen diesen mit einem mittelgroßen Pinsel auf.

14. Die Ente ist fertig. Haben Sie Lust, sie auch schwimmen zu lassen, so nehmen Sie eine geeignete Unterlage. Rühren Sie mit blauer Lebensmittelfarbe den Guß an und geben Sie ihn auf die Platte. Schneiden Sie von dem restlichen Ku-

chen eine dicke Scheibe ab und legen diese als Podest in die Mitte der Platte – in den noch feuchten Guß.

Setzen Sie die Ente vorsichtig mit dem Transparentpapier, das Sie vorher so eng wie möglich beschnitten haben, um es gerade noch mit spitzen Fingern berühren zu können, auf die Kuchenscheibe. Nun sitzt die Ente hoch genug, so daß sie noch zu sehen ist.

15. Zur Verzierung und um die Assoziation eines Teiches zu verstärken, habe ich noch ein paar Seerosen dazugegeben. Rollen Sie das restliche Marzipan auf Backpapier aus und schneiden Sie die Blätter aus; sie werden dann mit grüner Lebensmittelfarbe bemalt.

16. Schneiden Sie dann aus dem verbliebenen Marzipan Streifen von 6 cm Breite und rollen sie zusammen. So entstehen kleine Tütchen.

17. Malen Sie diese mit roter Lebensmittelfarbe an, und schmücken Sie damit das Bad des Entchens.

Der Hausfrauenkuchen

1   2   3

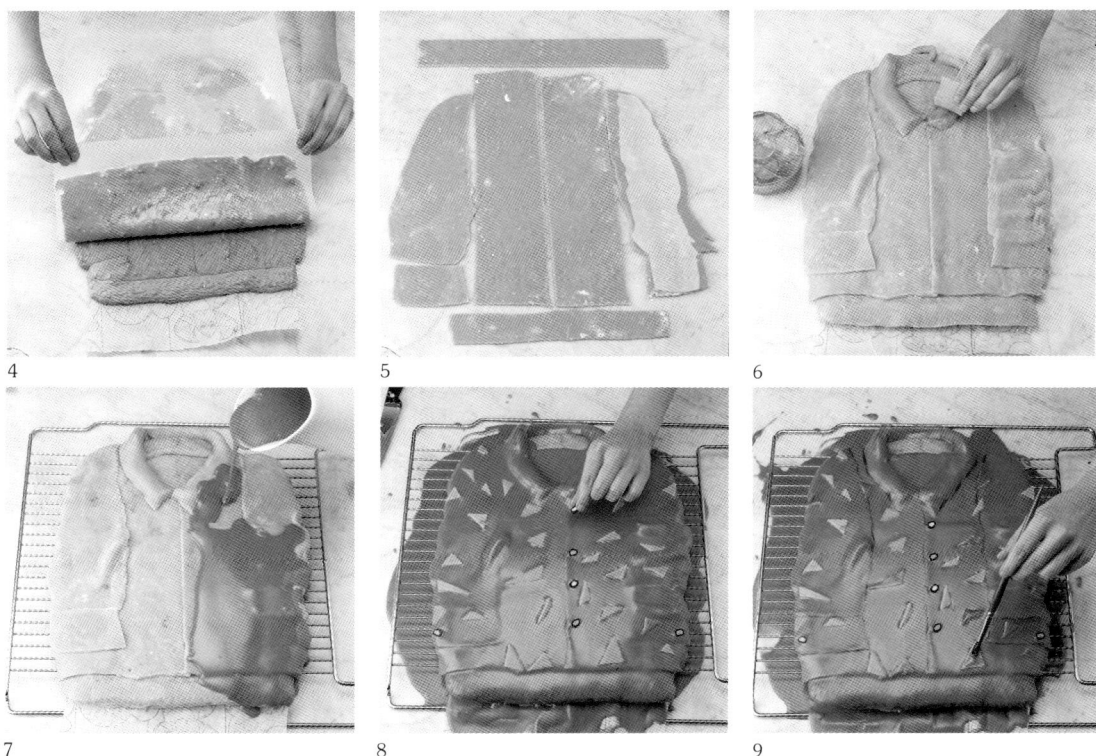

4   5   6

7   8   9

Hat Ihre Mutter Sie auch (mit vergeblicher Mühe) zu Ordnung und Sauberkeit erziehen wollen? Also ich kann ein Lied davon singen: Spülen, Staubwischen, Waschen, Bügeln, und was es da noch so alles gab. Dieser unsägliche Kleinkram, – wie oft habe ich mein Mädchendasein verflucht.

Und heute, wenn ich mich jetzt so ansehe – was ist von all den haushaltlichen Fähigkeiten so übriggeblieben...? Also, viel ist es nicht. Von daher hätte man eigentlich mir dieses Bügeleisen schenken müssen, als süßen Trost für all die vergangenen Leiden. Statt dessen habe ich die Kuchen für eine Freundin gebacken, die ähnliche Vergangenheitsbewältigung zu leisten hat, und zum Glück haben sie uns beiden geschmeckt.

1. Rühren Sie einen Plätzchenteig an und rollen ihn auf dem Blech aus.

2. Zeichnen Sie sich eine Schablone und legen sie auf den Teig. Schneiden Sie das Hemd ruhig im Rohzustand des Teiges aus, da es bei diesem Kuchen nicht auf eine exakte Form ankommt.

3. Backen Sie den Teig so im Ofen aus.

4. Rollen Sie zwei Lagen à 300 g Marzipan aus und legen sie auf die Oberfläche.

5. Rollen Sie eine weitere Packung aus und schneiden zwei Ärmel sowie je zwei rechte und linke Hälften und den Kragen ein.

6. Legen Sie alle Teile ruhig etwas faltig auf das Hemd. Den Kragen polstern Sie zusätzlich mit etwas Marzipan aus, und, wenn Sie das Hemd auf einen Bügel hängen wollen, legen Sie einen etwas dickeren Streifen Marzipan in den Kragen.

7. Bereiten Sie vor dem Gießen die Assessoires vor: Schneiden Sie aus weiterem

Marzipan unterschiedlich große Dreiecke für das Muster im Hemd und aus Lakritzstangen die Knöpfe aus.

Rühren Sie jetzt mit gelber Lebensmittelfarbe die Glasur an und übergießen das Hemd.

8. Legen Sie die Dreiecke und die Knöpfe in den noch frischen Guß.
9. Malen Sie mit roter, grüner und blauer Glasur die Dreiecke an; für den Bügel habe ich schwarze Glasur benutzt (alle Farben außer Gelb).

Das Bügeleisen

1. Backen Sie einen 10 cm hohen Rührteig in einer Kastenform in den Maßen 23 × 11,5 cm.

Schneiden Sie die vorderen Ecken zu einem spitzen Dreieck zu und begradigen Sie die obere Fläche.

2. Schneiden Sie die hinteren Ecken ebenfalls dreieckig ab. Ziehen Sie dann mit dem Messer von der oberen Mitte 2 Linien rechts und links der Mitte in einer Breite von 4 cm und schneiden Sie jeweils schräg abwärts.

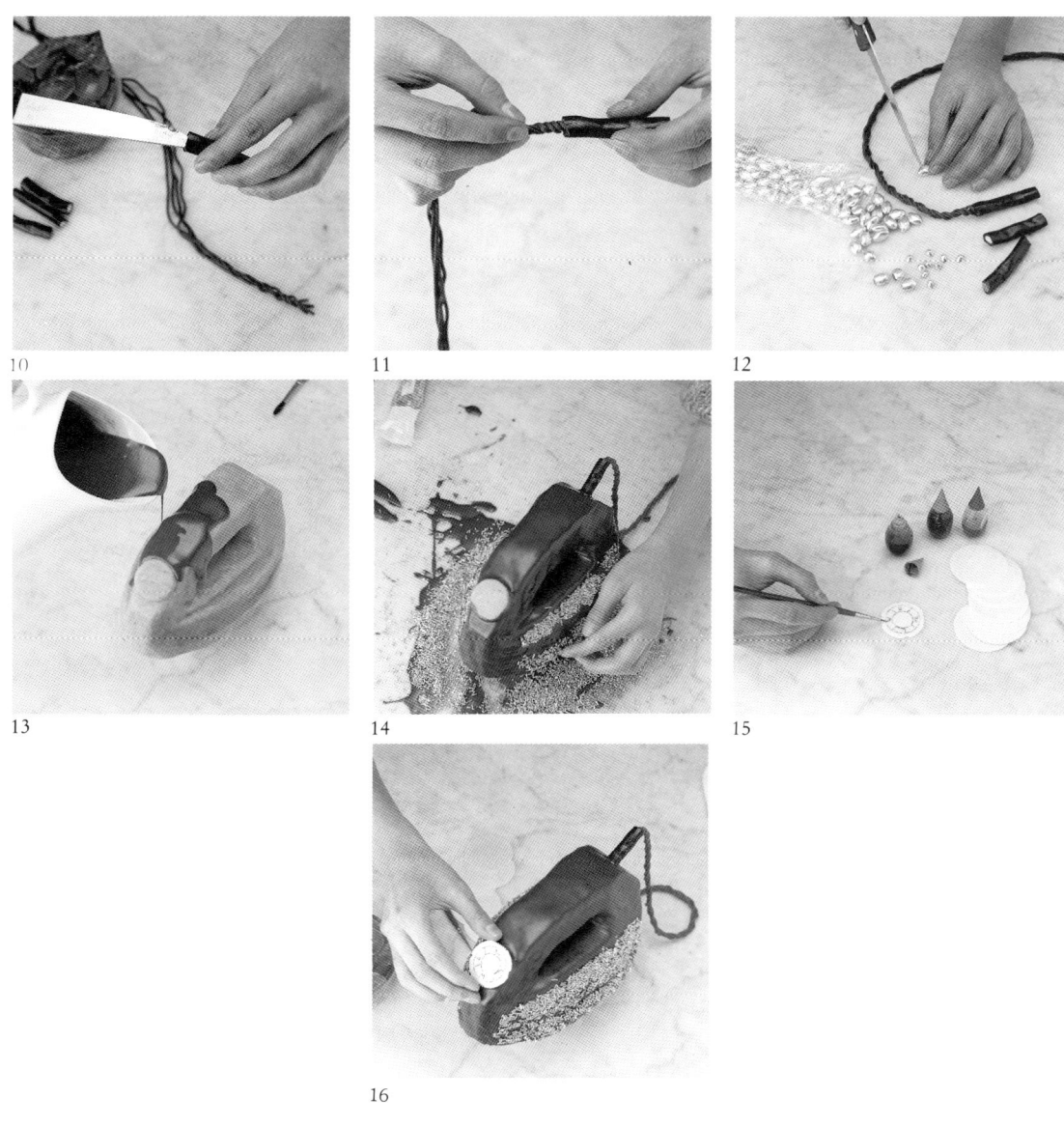

10

11

12

13

14

15

16

Setzen Sie das Messer außen an und schneiden auf beiden Seiten eine Gerade von ca. 2 bis 3 cm in den Teig; jetzt lassen sich die beiden Seiten gut herausnehmen. Dann werden alle vier Ecken leicht abgerundet.

3. Schneiden Sie eine weitere Schräge am hinteren Teil des Bügeleisens und arbeiten Sie die gebackene Schräge vorne stärker aus.

4. Trennen Sie jetzt den Griff heraus indem Sie jeweils rechts und links an den 2 Linien ca. 3 cm senkrecht in den Teig schneiden. Setzen Sie dann das Messer 1 cm über der Außenkante waagerecht an und schneiden bis auf die andere Seite.

5. Arbeiten Sie vorsichtig das Loch heraus.

6. Zum Schluß wird an beiden Seiten noch eine zusätzliche Kante am unteren Rand herausgeformt; dazu trennen Sie über die volle Länge der Seite einen ca. 0,5 cm breiten Streifen heraus.

7. Schlagen Sie das Bügeleisen mit 300 g Marzipan ein.

8. Bereiten Sie vor dem Gießen die Zubehörteile vor: Stechen Sie (z. B. mit einem Flaschenverschluß) einen Kreis für die Hitzeregulierscheibe aus; das Photo zeigt die Teile für die Schnur, Spaghettiweingummi und Lakritzstangen.

9. Die Drehscheibe wird mit Aprikosenmarmelade auf die Vorderseite geklebt.

10. Machen Sie jetzt die Schnur fertig. Höhlen Sie die Lakritzstange aus und streichen etwas Marmelade hinein.

11. Drehen Sie die 4 Schnüre zu einer und stecken sie in die Lakritzstange.

Damit sich der Weingummi nicht wieder aufrollt, spannen Sie die Schnur und halten sie kurz über eine Flamme, so daß gerade soviel Hitze an den Weingummi kommt, daß er weich wird. Lassen Sie die Schnur in gespanntem Zustand erkalten.

12. Schneiden Sie die Spitze von den Lakritzpastillen ab; daraus werden die Dampfdüsen.

13. Rühren Sie mit blauer Lebensmittelfarbe eine Glasur an und übergießen das Bügeleisen; dabei sollte die Hitzeregulierscheibe ausgespart werden, da sonst der dunkle Guß durchschimmert.

14. Stecken Sie die Schnur sowie die Lakritzpastillen in den noch feuchten Guß und streuen Silberstreusel über den Rand.

15. Nun schneiden Sie aus einer Backoblate einen Kreis, der die Marzipanscheibe gerade bedeckt, und malen die Bezeichnungen darauf.

16. Die Backoblate wird nun mit Aprikosenmarmelade aufgeklebt. Und jetzt muß man auch schon aufpassen, daß das Bügeleisen nicht aus Versehen angeschaltet stehenbleibt.

VW

1. Backen Sie einen Rührteig in einer Kastenform von ca. 22 × 11,5 cm.

2. Schneiden Sie einen Block von 6 cm Länge und ca. 5 cm Tiefe in einem Winkel von 90 Grad heraus.

3. Runden Sie die übrige Oberfläche nach hinten ab, um das buckelige Dach des VW entstehen zu lassen.

4. Nun werden die Seiten begradigt, ohne die Haube zu beschneiden.

1

2

3

4

5

6

7

8

9

5. Schneiden Sie einen Keil in beide Seiten, der nach hinten ca. 3 cm Breite hat. Runden Sie die Frontscheibe ab und legen durch zwei Einkerbungen, die zur vorderen Mitte konisch zulaufen, die Kotflügel an; gleichzeitig werden schon die Ecken abgerundet.

6. Prägen Sie nun die Rundungen von Haube und Kotflügel hinten wie vorne aus. Schneiden Sie die Seite rechts und links jeweils in der vollen Höhe 1 cm schmaler, beenden den Schnitt aber 1 cm vom Boden, so daß sich daraus das Trittbrett ergibt.

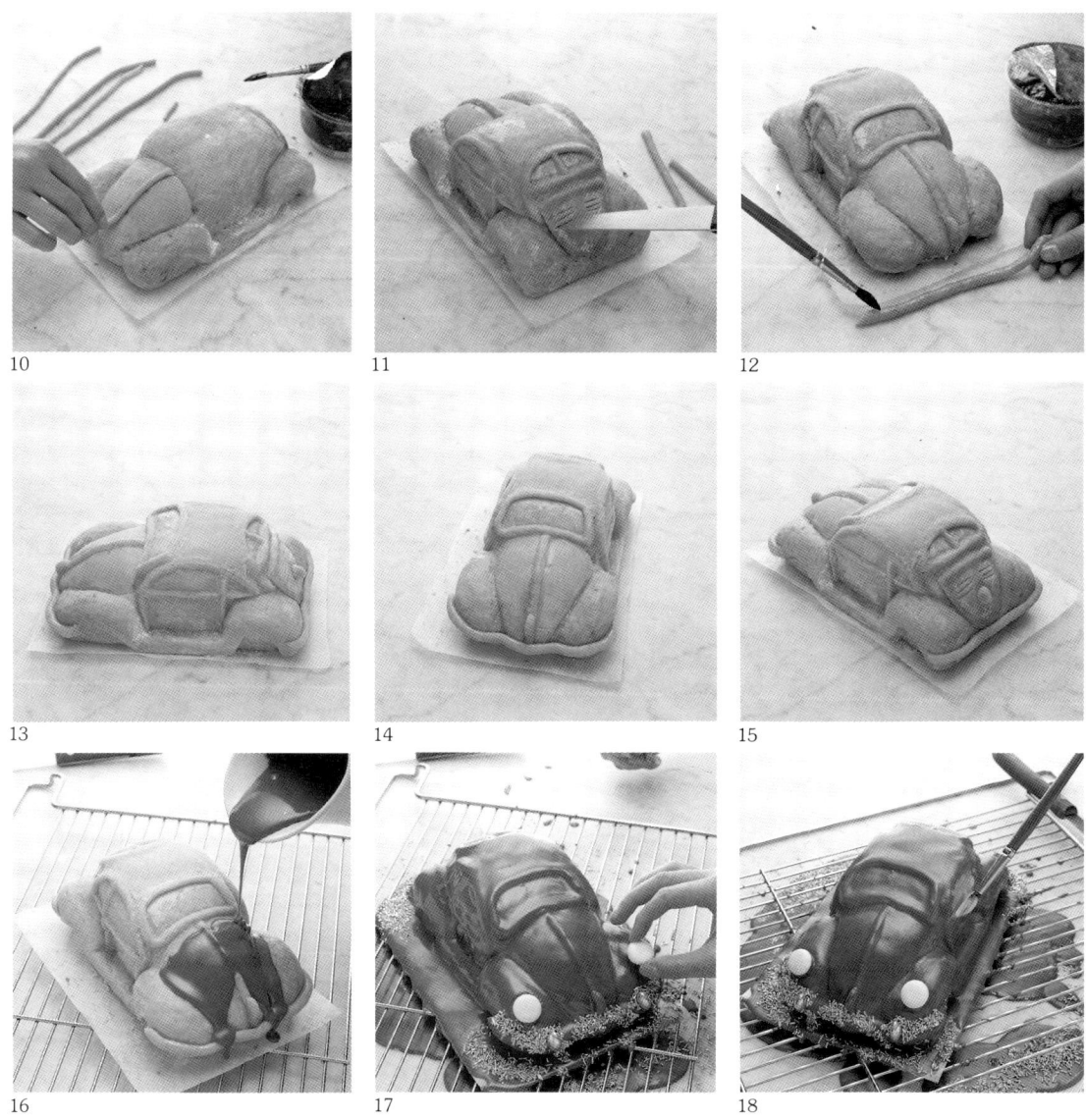

10

11

12

13

14

15

16

17

18

7. Kippen Sie das Objekt seitlich und schneiden zwei halbrunde Teile mit einer Tiefe von ca. 1 cm für die Räder aus.

8. Danach werden die Kotflügel hinten wie vorne nun auch seitlich abgerundet.

9. Schlagen Sie den VW mit 200 g Marzipan ein.

10. Legen Sie noch eine Extralage Marzipan für die Motorhaube auf und beginnen einige Rollen aus Marzipan zu drehen. Streichen Sie einen Streifen Aprikosenmarmelade auf die Mitte der Haube und legen eine der Rollen auf, um so die bekannte Form zu erzielen.

11. Auch die Motorhaube bekommt einen zusätzlichen Marzipanmantel, der am oberen Ende mit einer Rolle abgeschlossen wird. Schneiden Sie mit einem Messer auf der Haube rechts und links Luftschlitze ein und legen an alle Fenster und Türen ebenfalls Marzipanrollen.

12. **bis 15.** Bereiten Sie zwei etwas dickere Rollen für die Stoßstangen vor und kleben diese mit Aprikosenmarmelade an, bevor der Griff der Motorhaube und das hintere Blinklicht folgen.

16. Rühren Sie mit Lebensmittelfarbe blaue Glasur an und »lackieren« Sie damit das Auto.

17. Drücken Sie in den noch frischen Guß weiße oder gelbe Bonbons als Scheinwerfer ein und streuen über die Stoßstangen Silberstreusel.

18. Malen Sie auf eine zurechtgeschnittene Backoblate mit Lebensmittelfarbe ein Nummernschild, halbieren ein Himbeerbonbon für die Rücklichter und drücken alles in den noch frischen Guß.

Mutter Schwein

Haben Sie die Schweine auch so gerne wie ich? Jahrhundertelang sind diese massigen Tierchen verkannt worden – und da ich nun leider, vielleicht ebenso wie Sie, nicht auf einer Farm wohne, bleibt uns wohl nichts anderes übrig, als so eine Schweinemutter mit ihren Jungen selbst zu backen. Also, da ist sie.

1. Backen Sie einen Rührteig von 28 cm und zeichnen Sie eine Schablone.

2. Schneiden Sie die Umrisse mit 0,5 cm Spiel aus.

3. Runden Sie die Ecken und Kanten ab.

4. Rollen Sie 300 g Marzipan aus und schlagen das Schwein ein.

5. Formen Sie aus weiteren 300 g Marzipan die Jungen; dazu rollen Sie ca. 3 cm lange und 1,5 cm dicke Stücke, die sie an einem Ende konisch zulaufen lassen, um

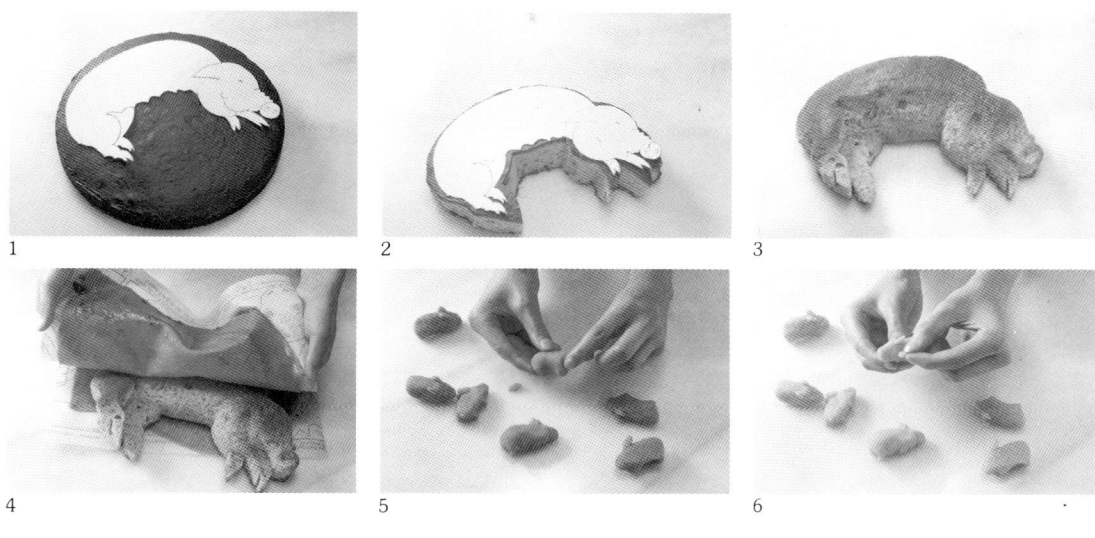

1   2   3

4   5   6

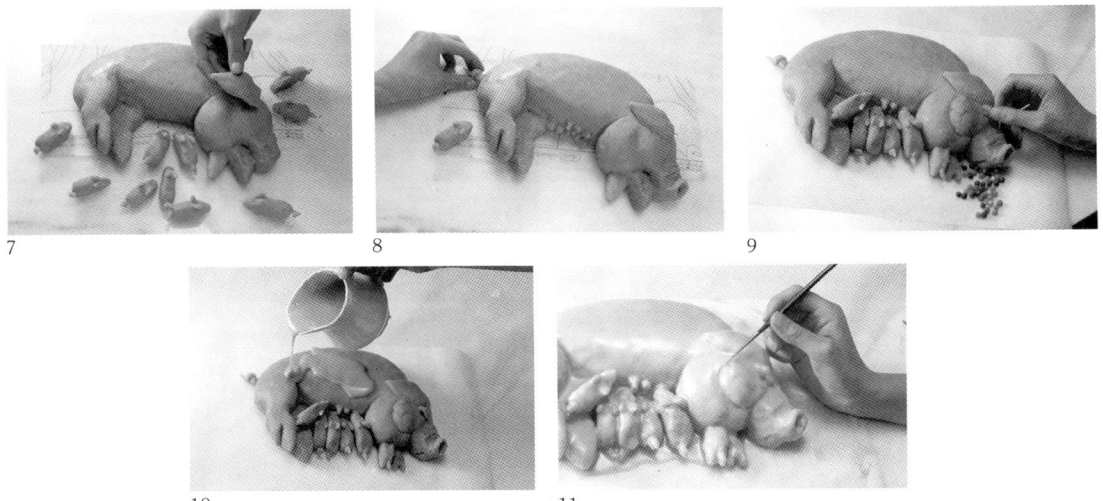

7   8   9

10   11

die Schnauze zu modellieren. Ein leichter Druck mit dem Finger an der Unterseite des zukünftigen Bauches modelliert automatisch die Beinchen heraus.

6. Setzen Sie als letztes Ringelschwänzchen und Ohren an.

7. Aus einem Rest Marzipan wird ein Ohr, das auf den Kopf gesetzt wird.

8. Nun noch die Zitzen, die Schnauze und der Ringelschwanz: Rollen Sie ein 2 cm langes Stück, setzen es auf die bereits angedeutete Schnauze und formen mit den Fingern einen faltigen Rüssel; die Löcher stechen Sie mit einem Pinselrücken ein. Der Schwanz wird aus einem dünnen Röllchen Marzipan gezwirbelt: Nehmen Sie beide Enden zwischen die Finger und drehen das Ganze vorsichtig einmal.

9. Drücken Sie dann die Zitzen an den Körper und legen die Jungtiere daran. Nehmen Sie eine (rote) Liebesperle als Auge und formen Sie (ebenfalls aus Marzipan) ein dickes Augenlid; modellieren Sie als letztes die Backe etwas nach.

10. Rühren Sie aus Puderzucker und 2 Tropfen roter Lebensmittelfarbe rosafarbene Glasur an und übergießen damit das Mutterschwein sowie seine Jungen.

11. Konturieren Sie mit roter Lebensmittelfarbe den Mund und die Schatten nach.

King Kong

Armer King Kong, keiner versteht dich. Hätte man dich nicht einfach im Dschungel deiner Wege gehen lassen können?

Aber wie man sieht, hat er doch noch eine Chance bekommen. Denn zumindest ich habe ihn zum Fressen gern. Sieht er nicht zum Fürchten aus? Dabei ist er so süß in seinem Schokoladenpelz. Und wenn man ihn auch inwendig braun haben möchte, gehören 5 Eßl. Kakao in den Teig (oder »crazy up«-cake).

1. Backen Sie einen Rührteig von 28 cm Durchmesser und legen die Schablone auf.
2. Schneiden Sie die Umrisse mit etwas Spiel aus.
3. Runden Sie alle Kanten und Ecken ab und tragen am Bauch etwas Teig ab, um die Brustpartie zu betonen.
4. Kneten Sie mit Puderzucker ca. 150 g Marzipan, schneiden von der Schablone den Kopf ab und formen nach diesem Muster ein 2 cm hohes, regelmäßiges Marzipanoval, aus dem dann das Gesicht geformt wird:
5. Aus zwei halbrunden Marzipanrollen wird das Maul.
6. Die Nase legen Sie auf die Mitte der oberen Lippe,
7. bilden einen Halbkreis und stechen mit dem Pinselrücken die beiden Nasenlöcher ein.
8. Die Augenpartie entwickelt sich aus der länglichen Marzipanrolle; legen Sie diese über die Nase und drücken mit dem kleinen Finger die Augenhöhle ein.
9. Kleben Sie nun das Gesicht mit Aprikosenmarmelade fest.
10. Jetzt wird die Schokoladencouvertüre angerührt und über den Affen gegossen.
11. Streuen Sie, um das Fell darzustellen, in die noch feuchte Schokolade Schokoladenstreusel.
12. Zuletzt folgen gelbe Liebesperlen als Augen und vier spitz zugeschnittene Lakritzbonbons als oben und unten je zwei Zähne.

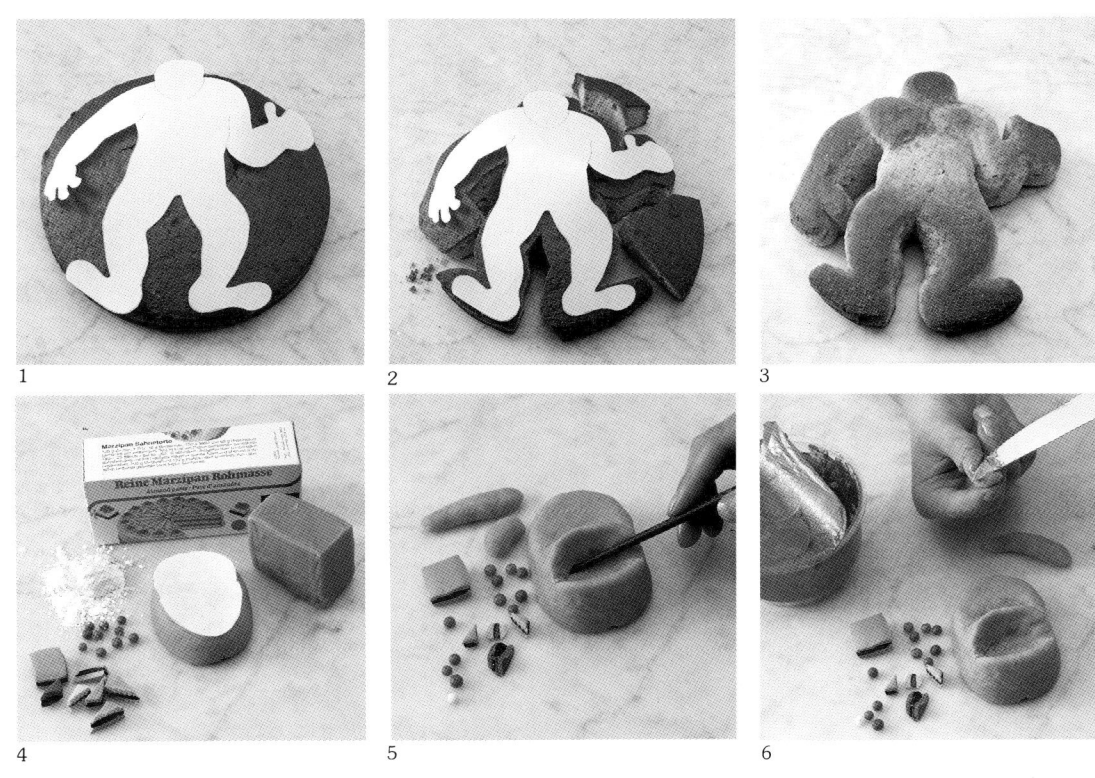

1 2 3

4 5 6

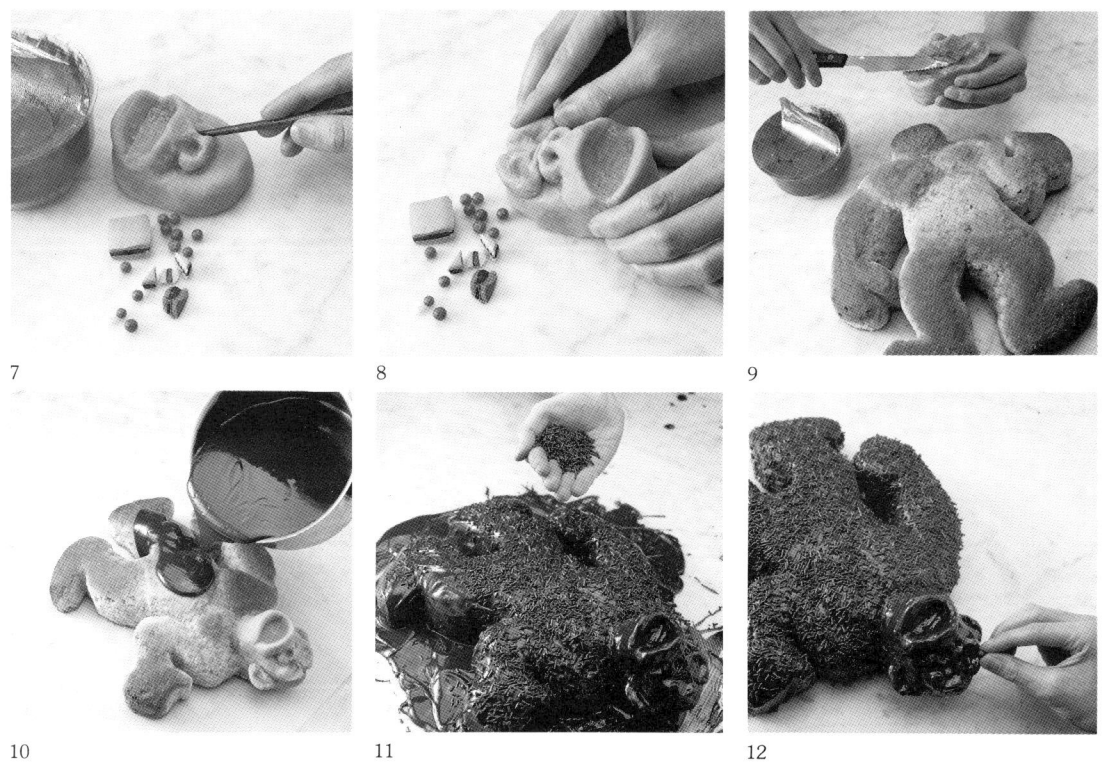

7 8 9

10 11 12

Chita

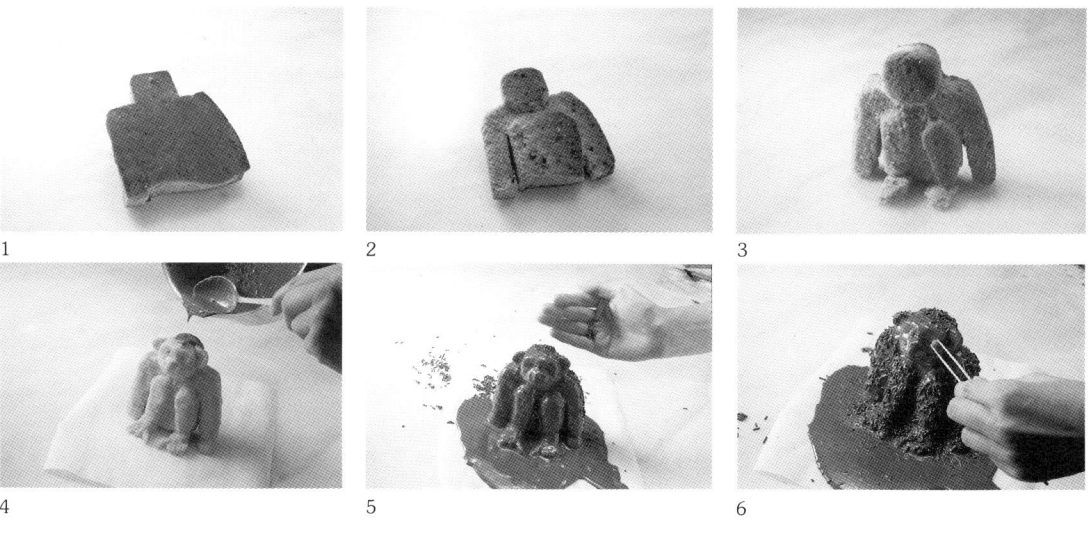

1 2 3

4 5 6

1. Backen Sie in Ihrer kleinsten Backform einen Rührteig (oder verwenden Sie restlichen Teig) und schneiden ein Stück von 12 × 9 cm zurecht. Ich habe den Rest eines runden Kuchens verwandt, und die gebackene Rundung als rechten Arm eingesetzt. Schneiden Sie nun den Kopf aus, indem Sie jeweils rechts und links ein Rechteck von 4 × 3 cm heraustrennen.

2. Nun folgen beide Arme und die angewinkelten Beine; dazu trennen Sie mit dem Messer ein Hufeisen (ca. 1 cm tief, 1,5 cm breit) aus dem Teig.

3. Unterteilen Sie die entstandene U-Form von der Mitte her und schneiden ca. 0,5 cm aus dem Teig heraus. Jetzt haben die Beine ihre Form; runden Sie alle Ecken und Kanten ab, und kleben Sie mit Aprikosenmarmelade aus zwei kleinen, flachen Teigstücken die Füßchen an die Beine.

4. Rollen Sie 100 g Marzipan aus und schlagen das Äffchen darin ein. Modellieren Sie aus Marzipan die Zehen und schneiden für das Gesicht einen 0,5 cm dicken Kreis, der mit Aprikosenmarmelade auf die Vorderseite des Kopfes geklebt wird. Dann werden mit einem Pinselrücken die Augenhöhlen geformt; aus dem überschüssigen Marzipan entsteht die Schnauze.

Kerben Sie (wiederum mit dem Pinselrücken) seitlich um die Schnauze ein U ein, so daß es lacht. Kleben Sie zuletzt aus zwei Halbkreisen die Ohren an den Kopf.

5. Rühren Sie 100 g Schokoladencouvertüre an und begießen den Affen damit. In den feuchten Guß werden Schokostreusel als Haare eingestreut.

6. Ganz zum Schluß werden aus zwei gelben Liebesperlen die Augen, deren Stand mit einer Pinzette korrigiert werden kann.

Tiger im Leib

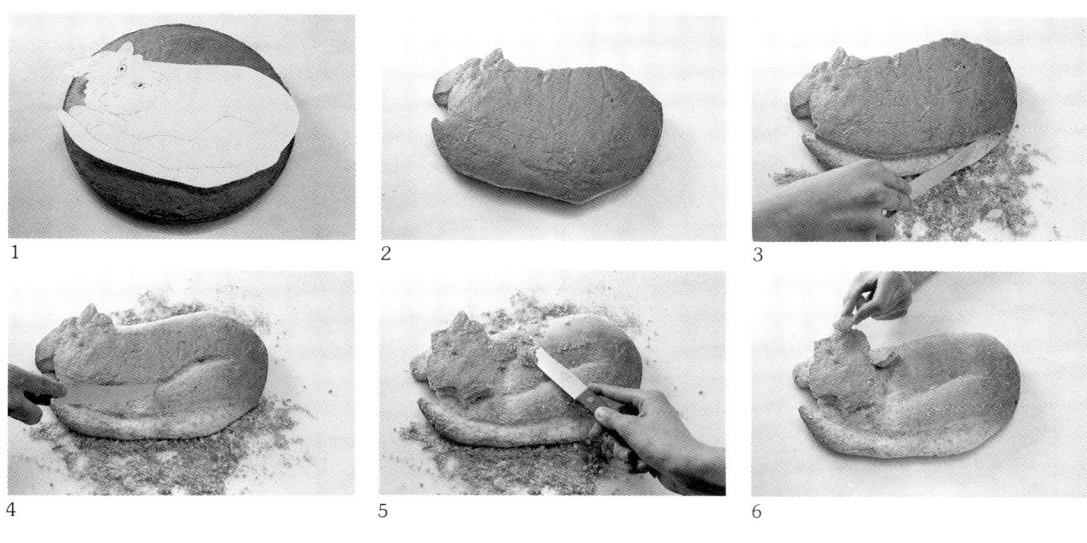

1   2   3

4   5   6

7

8

9

10

11

12

13

14

15

16

1. und 2. Backen Sie einen Rührteig von 28 cm Durchmesser. Legen Sie die Schablone auf und schneiden die Umrisse mit 0,5 cm Spiel aus.

3. Arbeiten Sie ca. 1 cm tief den Schwanz heraus und runden ihn ab.

4. Kerben Sie mit dem Messer in einer geschwungenen Linie die Rundung für die angewinkelten Schenkel heraus.

5. Tragen Sie den Rücken ca. 1 cm bis zum Kopf hin ab und schneiden an der Vorderpfote ebenfalls eine Fläche von 1 cm Dicke heraus.

6. Kleben Sie mit Aprikosenmarmelade dreieckig geschnittenen Teigresten als Ohren auf.

7. Rollen Sie 300 g Marzipan aus und schlagen den Tiger darin ein.

8. Formen Sie etwa zwölf spitz zulaufende Marzipanrollen als Haare, eine Fläche von 6 cm Durchmesser für das Gesicht, zwei mandelförmige Augenpartien, eine dreieckige Nase und zwei gekrümmte Rollen für den Mund.

9. Setzen sie diese Teile auf den Knopf, und zum Schluß noch ein dickeres Dreieck für das Kinn daran.

10. Nun wird alles miteinander verbunden.

11. Rollen Sie fünf Lakritzschnecken auseinander und schneiden aus den Streifen rautenförmige Splitter. Rühren Sie jetzt mit gelber Lebensmittelfarbe Puderzuckerglasur an, die über den ganzen Tiger gegossen wird.

12. Streuseln Sie das Lakritz in den frischen Guß, wobei der Kopf ausgespart wird. Dann schneiden Sie ein orangefarbenes Lakritzbonbon in der Mitte durch und setzen dies als Augen ein.

13. Rühren Sie aus Puderzucker, Zitronensaft und roter, blauer und grüner Farbe in einem Schnapsglas schwarze Glasur an und pinseln damit die dreieckige Nase und den geschwungenen Mund an sowie eine Maserung auf die Haarspitzen und auf die Stirn.

14. Nun ist der eigentliche Kuchen fertig; Sie können dem Tiger aber auch eine Decke unterlegen. Das empfiehlt sich aber nur, wenn der Kuchen auf einer großflächigen Unterlage liegen kann, so daß die Marzipandecke stabil liegt – sonst bricht der Guß. Rollen Sie je nach Größe der Unterlage weiteres Marzipan aus und legen es möglichst faltenreich um den Tiger.

15. Schneiden Sie nochmals aus fünf Lakritzrollen rautenförmige Splitter und rühren Sie eine rosa Glasur an, die Sie über die Marzipandecke gießen (um es dem lieben Tierchen bequem zu machen).

16. Zum Schluß wird – wie auf den Tiger – das Lakritz in den feuchten Guß der Decke gestreut.

Teufel, Teufel!

teufel teufel teufel
steig in dies öflein
samt deinem hörnlein
flieg zum satürlein
oder zum erdkernlein
aus zum schorenstein
fahr in die luft ein
aber laß uns allein
und ungeschoren sein

H. C. Artmann

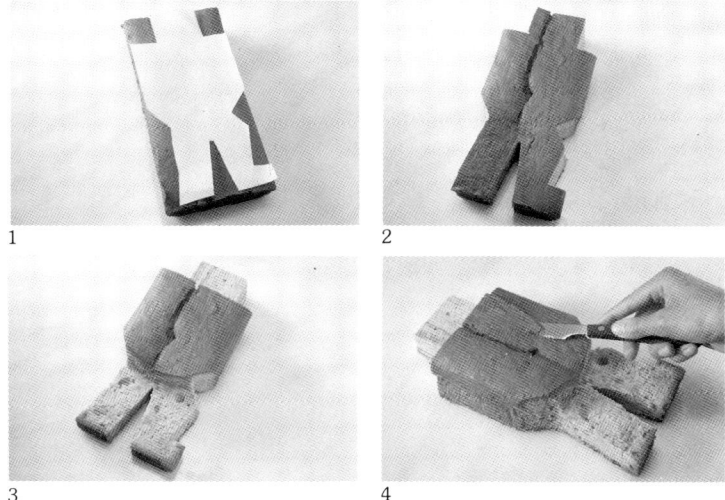

101

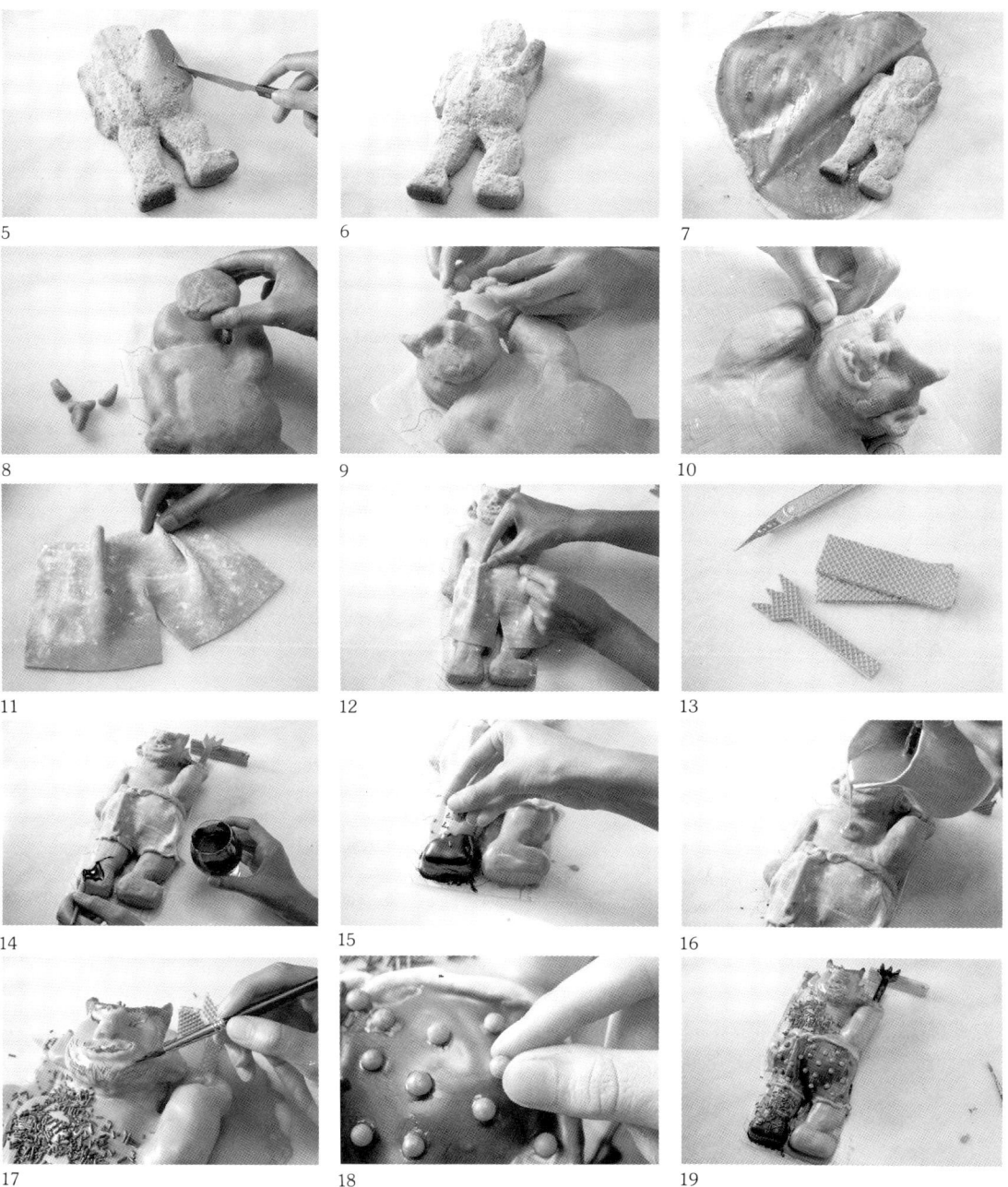

5

6

7

8

9

10

11

12

13

14

15

16

17

18

19

Vor diesem Teufel brauchen Ihre Kinder keine Angst zu haben. Mit seinem dicken Bauch und den bunten Bermudas sieht er geradezu zum Anbeißen aus. Was er nämlich auch ist.

1. Backen Sie einen Rührteig in einer Kastenform von 23 cm Länge und 11,5 cm Breite und legen die Schablone auf.

2. Schneiden Sie nach der Schablone den Kuchen in seinen Umrissen aus.

3. Trennen Sie von der Oberfläche an Kopf und Beinen den Teig 2 cm tief heraus.

4. Dann werden Bauch und Arme modelliert, indem Sie mit dem Messer 1 cm vom rechten Rand einen schrägen Schnitt von 1 cm Tiefe zur linken Seite hinüberziehen. Runden Sie die linke Schulter ab und schneiden nochmals 1 cm tiefer bis auf die Höhe des Kopfes den linken Arm heraus. Versuchen Sie, den teuflischen Bauch so dick und rund wie möglich zu gestalten.

5. und 6. Runden Sie die Ecken und Kanten an Bauch, Beinen, Kopf und Armen ab und schneiden an der rechten Seite, auf einer Höhe von 14 cm, ein Dreieck von 1 cm Tiefe heraus, um die rechte Armbeuge zu betonen.

7. Rollen Sie 300 g Marzipan aus und schlagen die Figur darin ein.

8. Setzen Sie in Kopfesgröße ein Stück Marzipan auf. Links daneben liegen die ebenfalls aus Marzipan geformten Hörnchen und die Nase.

9. Setzen Sie beides auf und modellieren Sie zwei starke Augenbrauen von der Nase zu den Hörnern.

10. Formen Sie zwei spitze Ohren und aus einer dünnen Rolle den Mund, der dann mit dem Pinselrücken fein ausmodelliert wird.

11. Schneiden Sie die Bermudashorts: Dafür wird Marzipan ausgerollt und ein Rechteck von 13 × 6 cm daraus geschnitten, aus dem in der unteren Mitte ein spitzes Dreieck von 4 cm Höhe herausgeschnitten wird.

12. Legen Sie die Hose in Falten auf die Figur.

13. Schneiden Sie mit dem Skalpell aus einer Eiswaffel den Dreispitz und stechen ihn in die rechte Hand, legen Sie zur Unterstützung eine Eiswaffel unter.

14. Rühren Sie aus Puderzucker, Zitronensaft und roter, blauer und grüner Lebensmittelfarbe schwarze Glasur an und gießen damit den Huf sowie den Dreizack.

15. Rühren Sie nun den bräunlicheren Hautton an. Mischen Sie aus 2 Tropfen Gelb, 1 Tropfen Rot und 1 Tropfen Blau die Glasur und übergießen zuerst die Beine. Die Schokoladenstreusel kommen über das linke Bein, wobei der Huf ausgespart wird.

16. Erst danach begießen Sie den Oberkörper, auf den Sie überwiegend auf der linken Seite Schokostreusel streuen.

17. Malen Sie mit roter Lebensmittelfarbe den Bart, das Gesicht und die Hörner an. Nehmen Sie zwei weiße Liebesperlen und drücken Sie sie in die Augenhöhlen; darauf wird dann mit roter Lebensmittelfarbe je ein Punkt gezeichnet.

18. und 19. Rühren Sie nochmals für die Bermudas grüne Glasur an und drücken als Stoffmuster bunte Liebesperlen in den feuchten Guß. Der Hosenrand an Bund und Beinen folgt mit hellblauer Glasur. Ganz zum Schluß setzen Sie auf die Spitze des Dreizacks rote Zuckerglasur aus der Tube auf.

Weihnachtsmann

Vergleichen Sie diesen Text bitte mit den detaillierten Bildanweisungen im Farbteil.

1. Backen Sie einen Rührteig in einer Kastenform von 23 × 11,5 cm. Schneiden Sie eine grade Auflage und stellen Sie den Block hochkant.
2. Legen Sie zuerst den Kopf und Schulter an. Schneiden Sie dazu rechts und links im Winkel von 90 Grad 5 cm in der Höhe und 3 cm in der Breite heraus und runden die Ecken ab.
3. Nun folgen die Arme, indem Sie an beiden Seiten rechts 5 cm und links 7 cm von den Schultern abwärts dreieckige Keile einschneiden.
4. Schneiden Sie ein Dreieck für den Bart aus, wozu Sie den Teig unterhalb des zukünftigen Bartes wegnehmen. Gleichzeitig werden die Arme stärker ausmodelliert.
5. Schlagen Sie den Körper mit ca. 300 g Marzipan ein. Legen Sie, um den Mantel stärker zu charakterisieren, am unteren Rand einige Falten an.

   Markieren Sie auch schon die Augen, indem Sie mit einem Pinselrücken die Stellen leicht eindrücken. Legen Sie eine Rolle als Rand um die Mütze.
6. Setzen Sie eine Kugel als Nase und 2 spitze gerollte Marzipanstücke als Schnäuzer an. Dann folgt ein flacher Kegel mit einem Bommel, um die Kapuze zu vervollständigen.
7. Rollen Sie ca. 10 unterschiedlich große Würstchen für die Barthaare.
8. Rechts sehen wir den späteren Pelzkragen aus einer langen Rolle, die Sie von der Schulter am Bart entlang über die Mitte des Bauches bis unten legen. Streichen Sie ihn zur besseren Haftung mit Aprikosenmarmelade ein.
9. Setzen Sie nun die Hand, bestehend aus einem größeren und einem kleineren Oval an; danach den Pelzrand des Ärmels. Rollen Sie eine lange Marzipanwalze und legen diese als unteren Pelzrand an.
10. Schneiden Sie aus dem restlichen ausgerollten Marzipan ein Dreieck aus und legen bunte Bonbons auf.
11. Schlagen Sie die Ecken übereinander und formen so den Rucksack.
12. Drücken Sie dazu das Marzipan an die Bonbons, so daß Rundungen und Falten entstehen. Wenn Sie eine exakte Ecke an der linken Seite der Schulter haben, können Sie das Säckchen bequem auflegen; helfen Sie aber zur Vorsicht mit Aprikosenmarmelade nach.
13. Nun folgen die Augen. Ich wollte meinen Weihnachtsmann mit einer großen Brille ausstatten, damit er gut durch die dunkle Nacht sehen kann. Deshalb habe ich aus dem Konfekt kurze Rollen ausgesucht, die außen aus Lakritz, innen aus einer weißen Füllung bestehen. Davon habe ich dünne Scheiben abgeschnitten und sie in der Mitte mit blauer Lebensmittelfarbe bemalt.
14. Rühren Sie ein wenig rosa Glasur an und pinseln damit das Gesicht; der Nase helfen Sie mit etwas roter Lebensmittelfarbe nach. Die Brille wird in den noch feuchten Guß gedrückt.
15. Rühren Sie rote und blaue Glasur an. Mit der roten streichen Sie die kleinen Stellen

wie Mütze, Handschuhe und die Zwischenräume zwischen Schulter und Rucksack zuerst an. Danach tragen Sie die hellblaue Glasur des Rucksacks auf.

16. Zur Verzierung kommen Silberstreusel auf den Rucksack.

17. Nun wird der Mantel (aber ohne die Pelzteile) begossen.

18. Zum guten Schluß schlagen Sie etwas Sahne und legen (spritzen) sie auf Rauschebart, Mützenbommel und Pelzkragen. Voila!

Ein dicker Kuß

Vergleichen Sie diesen Text bitte mit den detaillierten Bildanweisungen im Farbteil.

1. Backen Sie einen Rührteig von 28 oder 26 cm Durchmesser und legen Sie die Schablone darauf.

2. Schneiden Sie die Umrisse aus.

3. Runden Sie die äußeren Kanten ab, ziehen Sie eine halbrunde Linie zwischen den Mundwinkeln und arbeiten auch hier mit dem Messer eine Rundung der Ober- und Unterlippe heraus. Danach schneiden Sie die Form der Länge nach durch und trennen aus beiden Teilen eine Vertiefung von ca. 2 cm für die Füllung heraus.

4. Lösen Sie die Schokoladencouvertüre in einem Topf auf und legen Sie sie als unterste Schicht in beide Hälften.

5. und 6. Darauf streichen Sie geschlagene Sahne; zum Schluß belegen Sie das Ganze mit einem Glas Sauerkirschen.

7. Jetzt werden beide Hälften übereinandergelegt und mit Marzipan eingeschlagen.

8. Rühren Sie mit Lebensmittelfarbe rote Glasur an und begießen den Mund. Eventuell muß man dabei in den Vertiefungen etwas mit dem Pinsel nacharbeiten.

Im Boxring

1

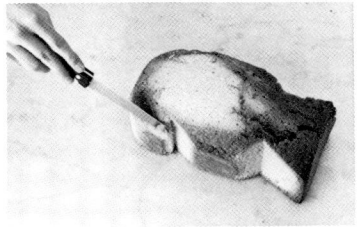

2

3

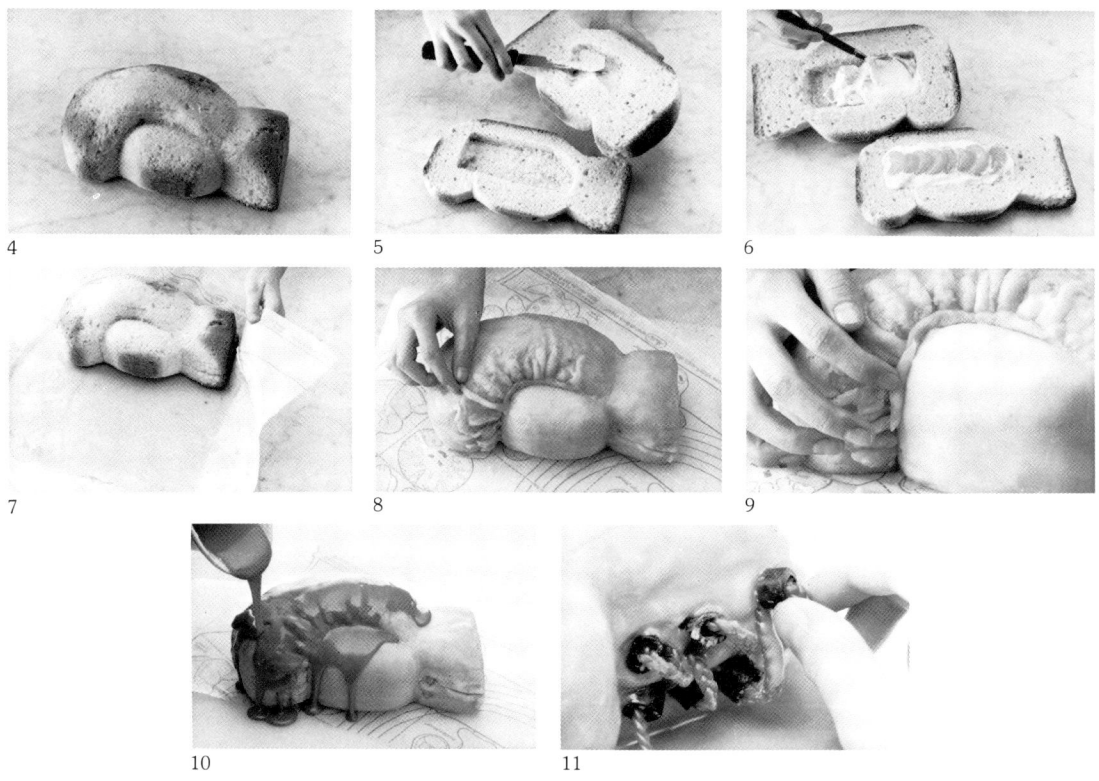

4

5

6

7

8

9

10

11

1. Backen Sie einen Rührteig in einer Kastenform von 23 × 11,5 cm Größe. Schneiden Sie zuerst die vorderen Ecken ab und arbeiten das Handgelenk heraus, indem Sie an der gegenüberliegenden Seite jeweils rechts und links ein Dreieck mit einer langen Seite von 6,5 cm und einer kurzen von 2,5 cm abtrennen. Die Breite des Kuchens beträgt also 7,5 cm an den Spitzen der Dreiecke.

2. Runden Sie sowohl die Oberfläche als auch die Vorderseite ab und schneiden an der linken Seite, 14 cm vom untersten Ende des Handschuhs entfernt, ein weiteres Dreieck in den Maßen 2,5 × 2 cm heraus.

3. Setzen Sie das Messer an der Spitze des zuletzt herausgetrennten Dreiecks an. Schneiden Sie jetzt, wie auf dem Photo sichtbar, in einem schönen Bogen bis zum Ansatz des Handgelenks etwa 2 cm tief ein und tragen den Teig zur Seite hin ab.

4. Runden Sie alle Ecken und Kanten ab und schneiden den Kuchen in der Mitte seiner Höhe längs durch.

5. Höhlen Sie die Innenseiten etwa 2 cm tief aus.

6. Füllen Sie die beiden Hälften mit einer vorbereiteten Aprikosenquarkmischung.

7. Klappen Sie die Seiten vorsichtig aufeinander und rollen dann das Marzipan aus, worin der Handschuh eingeschlagen

8. und 9. Drücken Sie rundum an der Kante des Fäustlings kleine Marzipanrollen an, um die Krümmung des Leders

darzustellen. Ziehen Sie ebenso zwei noch offene Nähte am Handgelenk, und markieren die Stellen, wo später die Ösen sitzen sollen.

10. Legen sie den Kuchen auf Backpapier und bereiten die sechs Ösen sowie die Schnur vor, welche am Handgelenk sitzen sollen. Dazu eignen sich besonders gut gefüllte Lakritzrollen.

   Schneiden Sie sie zuerst in die richtige Größe (etwa 0,5 cm) und stoßen Sie dann mit einem Pinselrücken oder der Messerspitze die Füllung heraus. Nehmen Sie nun drei rote Spaghettiwein-

gummis und flechten daraus eine Schnur. Legen Sie die sechs Ösen in dem Abstand, in dem sie später am Handschuh sitzen sollen, vor sich hin und ziehen die Schnur über Kreuz hindurch.

Rühren Sie jetzt die Glasur aus Puderzukker, Zitronensaft und roter Lebensmittelfarbe an und begießen den Kuchen.

11. Nehmen Sie die vorbereitete Verschnürung und drücken Sie die Ösen nacheinander in den feuchten Guß. Lassen Sie die Glasur etwa eine halbe Stunde trocknen und lösen dann mit einem Skalpell das als Unterlage benutzte Backpapier.

Gitarre – aber heiß

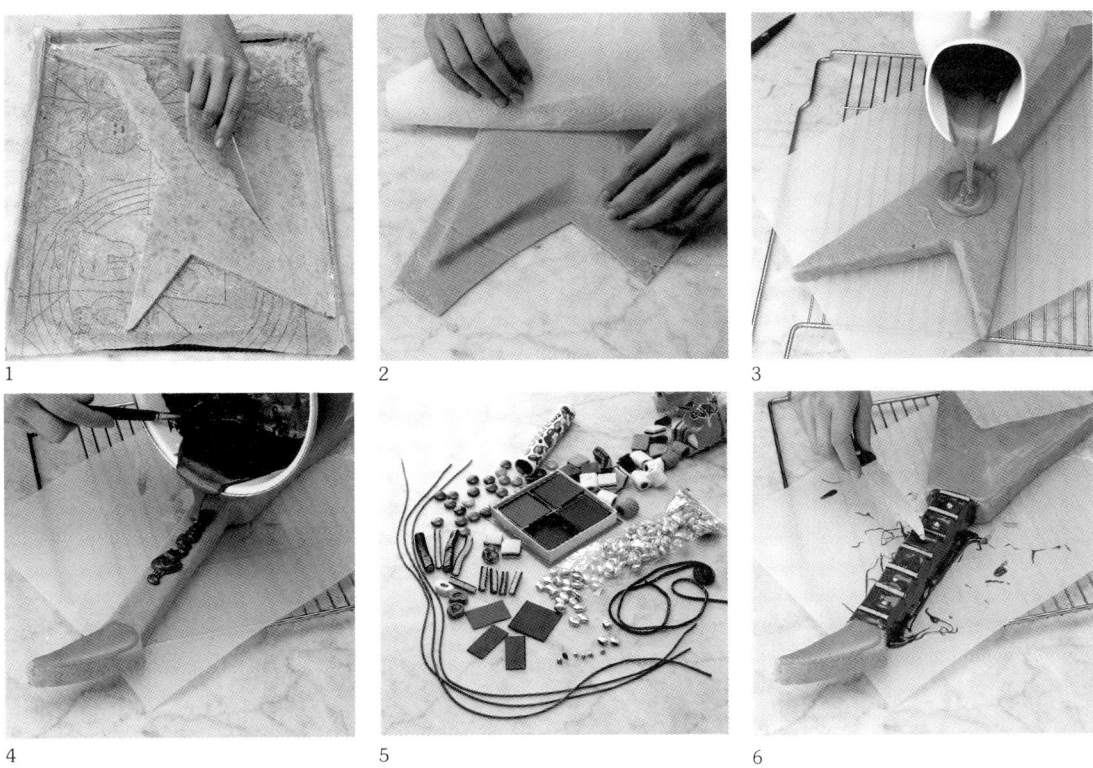

1 2 3

4 5 6

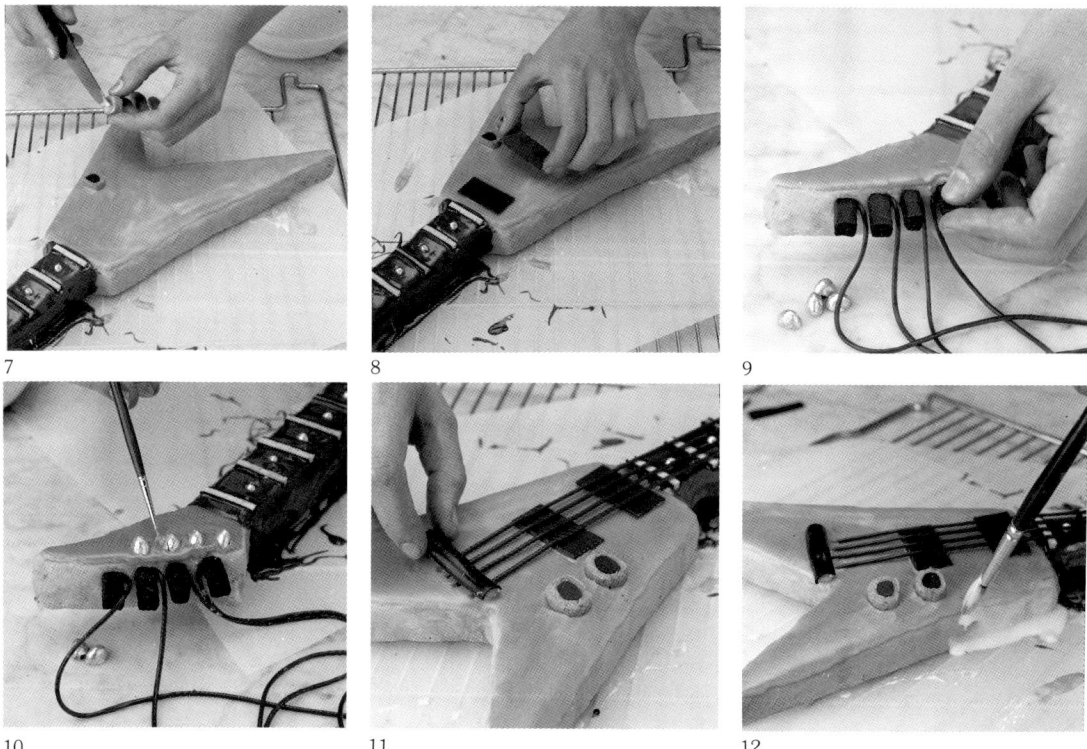

7   8   9

10   11   12

1. Backen Sie den Plätzchenteig ca. eine Viertelstunde an, ziehen ihn wieder aus dem Ofen und schneiden die Umrisse der Gitarre aus. Danach backen Sie den Teig fertig, der sich jetzt trotz der Hitze in seiner Form nicht mehr verändert.
2. Rollen Sie das Marzipan aus und schlagen Sie die Gitarre ein.
3. Rühren Sie mit zwei Spritzern roter Lebensmittelfarbe eine rosa Glasur an. Um den marmorierten Effekt zu erreichen, darf die Farbe nicht ganz verrührt werden. Übergießen Sie damit Körper und Kopf der Gitarre.
4. Der Hals wird mit Schokoladencouvertüre überzogen.
5. Hier eine Auswahl der Bonbonzutaten:
   1. Schokoladenblätter

2. Lakritzrollen und Pastillen
3. Spaghettiweingummi und Stangen
4. Lakritzbonbons
5. Smarties

6. Drücken Sie in die noch weiche Couvertüre halbierte Lakritzbonbonstangen als Bünde und in die Zwischenräume zur Verzierung halbierte Lakritzpastillen.
7. Schneiden Sie ein Bonbon mit Lakritzfüllung in der Mitte durch und kleben mit der restlichen Glasur zwei Drehknöpfe auf die Seite.
8. Kleben Sie – ebenfalls mit Glasur – die Schokoblätter auf die Oberfläche.
9. Jetzt werden vier Lakritzklötzchen zusammen mit Spaghettiweingummi in die Seite des Kopfes gesteckt, nicht ohne sie vorher zur besseren Haftung an den En-

den mit Aprikosenmarmelade bepinselt zu haben.

10. Drücken Sie vier halbierte Lakritzpastillen in den Guß an der Seite des Kopfes und übergießen sie zur besseren Festigkeit ein zweites Mal; an den engen Stellen einen Pinsel zu Hilfe nehmen!

11. Legen Sie nun vorsichtig die Saiten (sprich: die Spaghettiweingummis) in die silbernen Pastillen und ziehen sie über den Hals bis auf den Körper der Gitarre.

An den Enden werden Stecknadeln durch den Weingummi und in den Teig gesteckt (Vorsicht beim Verzehr! Zur Sicherheit kann man auch Zahnstocher nehmen – ist aber schwerer). Anschließend kleben Sie (wieder mit Aprikosenmarmelade) ein halbiertes Lakritzkonfekt, diesmal mit der Lakritzseite nach oben, über die Einstichstelle.

12. Zum Schluß bepinseln Sie den Rand der Gitarre mit weißer Glasur.

Saxophon

1. Backen Sie einen Rührteig von 28 cm ⌀ und legen die Schablone auf.

2. Schneiden Sie die Umrisse mit 0,5 cm Spiel aus.

3. Schneiden Sie nun von der Oberfläche 1 cm vom Mundstück bis zur Kanne aus dem Teig heraus.

4. Runden Sie alle Kanten ab und gleichen den Höhenunterschied zur Kanne aus, so

daß diese möglichst rund wird. Ziehen Sie am Mundstück und am Rand der Kanne eine Einkerbung.

5. Höhlen Sie vorne die Kanne so tief wie möglich aus.

6. Schlagen Sie das Saxophon in 400 g Marzipan ein.

7. Jetzt wird der Kuchen mit roter Puderzuckerglasur begossen. Sortieren Sie vor

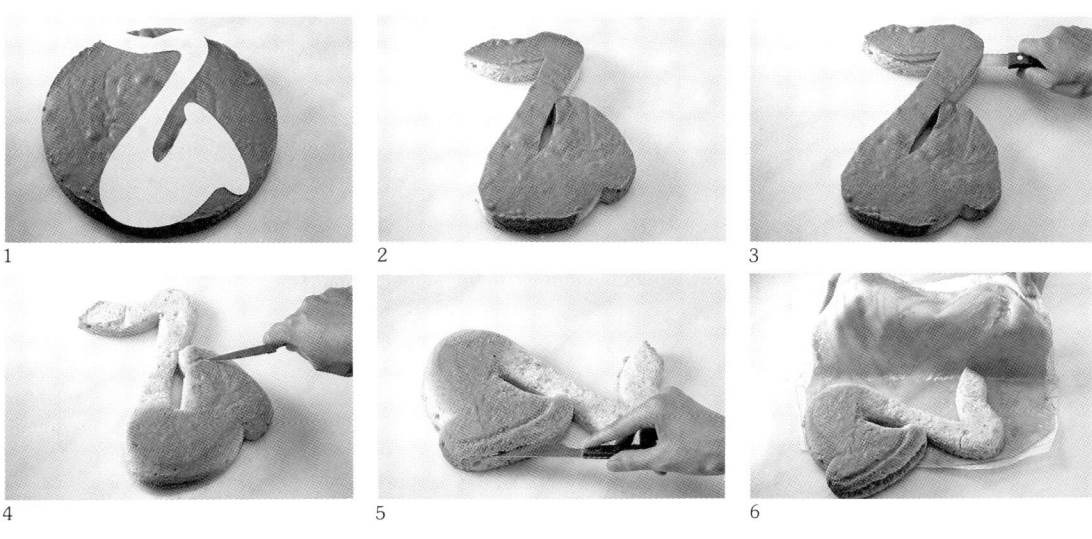

1   2   3

4   5   6

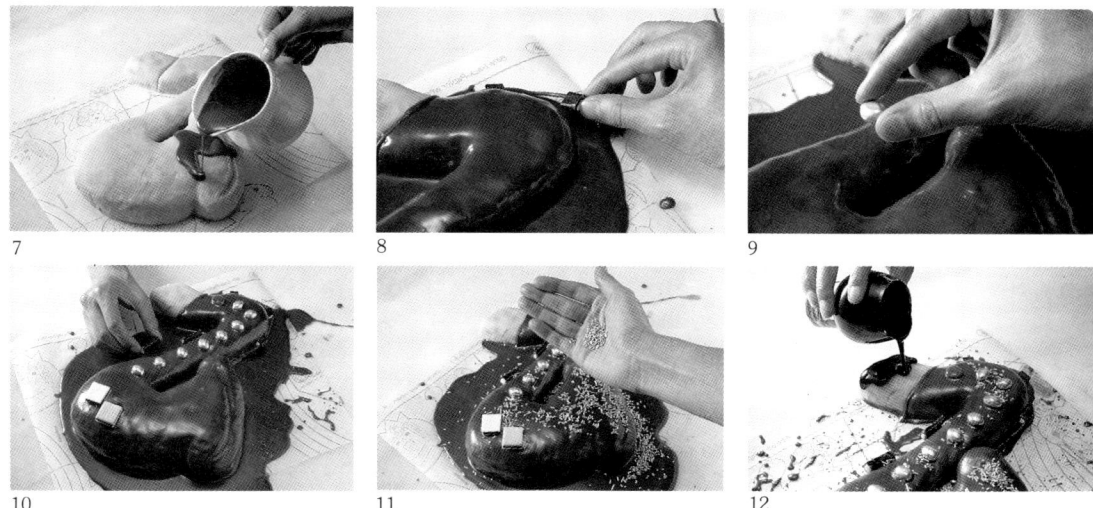

7

8

9

10

11

12

dem Guß die Tastaturen und Tonknöpfe aus.

8. Drücken Sie in die Einkerbung des Mundstücks den Spaghettiweingummi, setzen die drei Lakritzhälften in einem Abstand von 5 cm seitlich in den oberen Bogen und ziehen den Weingummi bis zur Kanne herunter. Der feuchte Guß wirkt wie Klebstoff.

9. Verteilen Sie die weiteren Teile auf das Saxophon. Acht sogenannte Tonköpfe,

10. zwei gefüllte Lakritzstangen seitlich, 1 blaues Smartie am Mundstück und zweifarbige Lakritzsteine an den unteren Bogen.

11. **und 12.** Streuen Sie zur Verzierung Silberstreusel auf die Oberfläche und gießen zum Schluß aus Puderzucker, Zitronensaft und roter, blauer und grüner Lebensmittelfarbe schwarze Glasur über das Mundstück – und: »Ab geht die Post!«

Der Ausflug

1. Backen Sie einen Rührteig in einer Kastenform mit 18 cm Länge und 11,5 cm Breite. Schneiden Sie mit einem großen Messer über die gesamte Oberfläche und nehmen ca. 2 cm Teig ab.

2. Setzen Sie das Messer an beiden Seiten an und schneiden von der hinteren Kante einen Block von 3 cm Dicke und 12 cm Länge; der Schnitt endet mit einer Schräge bis zu den Vorderkanten.

3. **und 4.** Arbeiten Sie nun den Kotflügel heraus, indem Sie das Messer an der vorderen Schräge zu einem 90 Grad-Schnitt ansetzen, der 1–2 cm tief in den Teig geht; runden Sie danach die Ecken und Kanten ab.

5. Widmen Sie sich nun dem hinteren Teil des Autos! Lassen Sie mit einem Schnitt beide Seiten konisch zulaufen und setzen danach das Messer wieder an der Ober-

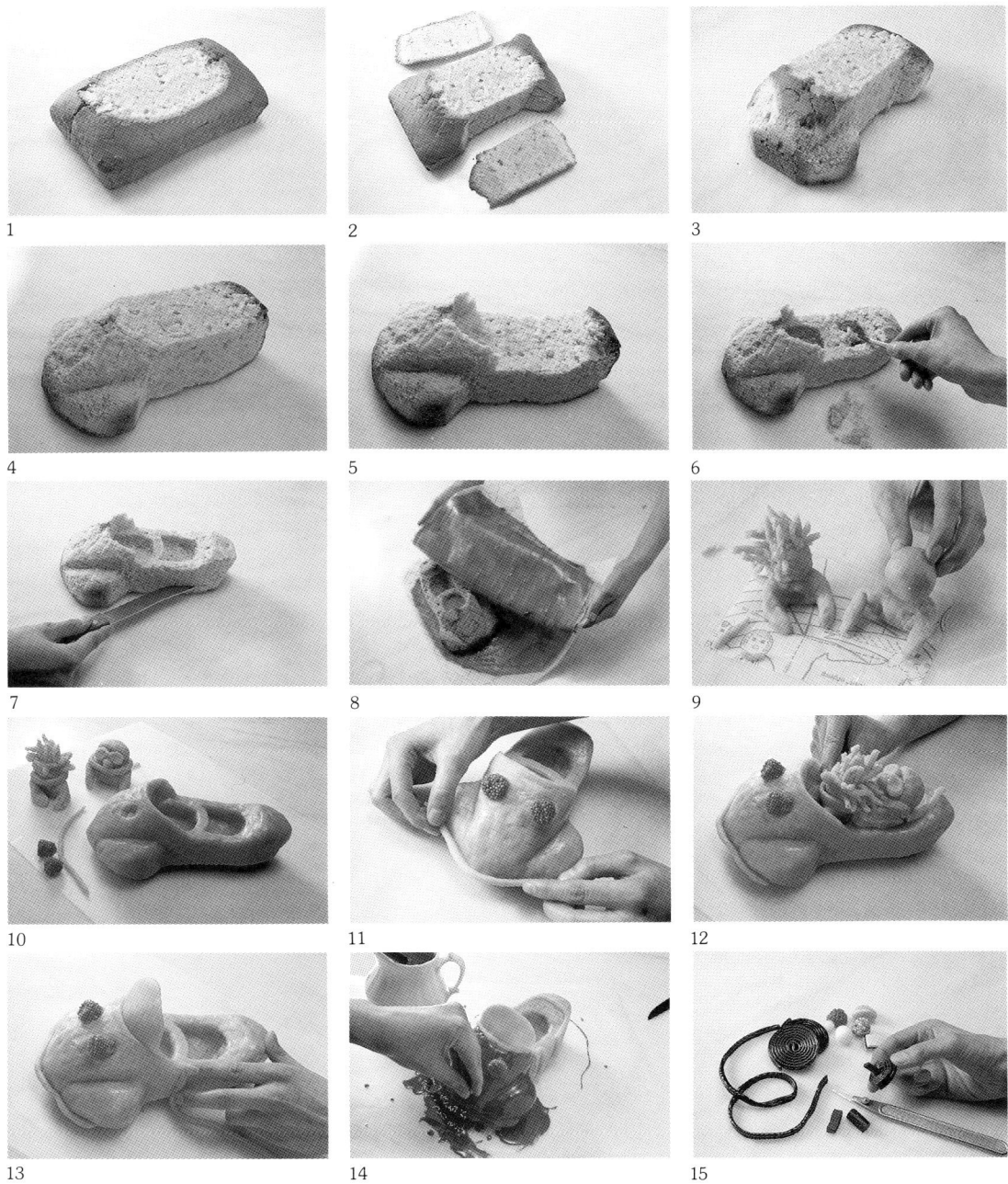

1

2

3

4

5

6

7

8

9

10

11

12

13

14

15

16 17 18

19 20 21

fläche an, wo Sie einen geschwungenen Schnitt von hinten nach vorne ziehen. Das Messer an der Kante des Halbrunds vorsichtig aus dem Teig ziehen und den Block durch einen senkrechten Schnitt heraustrennen. Um die Kühlerhaube zu formen, höhlen Sie mit einem Teelöffel den Teil unter dem Halbrund aus.

6. Arbeiten Sie nun (ebenfalls mit einem Teelöffel) die Einkerbung für die Sitzfläche heraus.

7. Zum Schluß werden die Räder herausgeschnitten, indem Sie an der unteren Kante ca. 1 cm des gesamten Umfanges abtragen.

8. Rollen Sie 200 g Marzipan aus und schlagen das Auto darin ein.

9. Nun folgen aus Marzipan die Oberkörper der beiden Fahrer: Rollen Sie zwei Kugeln und setzen diese auf den halbrunden Körper.

   Der Frau sollen die Haare im Wind flattern; weshalb ich ihr viele kleine Marzipanrollen auf den Kopf gesetzt habe.

10. Beide Fahrer bekommen Windschutzbrillen, eine dicke Nase, die darunter hervorlugt, und jeweils einen Schal. Das Auto verschönert sich durch rote Himbeerdrops als Scheinwerfer, und die Stoßstange bzw. Zierleisten aus Marzipan.

11. Kleben Sie mit Aprikosenmarmelade die Stoßstange und die Scheinwerfer an.

12. Probieren Sie vor dem Gießen, ob die Figuren hineinpassen.

13. Setzen Sie aus Marzipan eine Frontscheibe auf und drücken Sie an den Türen die Rahmenkanten ein.

14. Mit roter Glasur wird zuerst die Vorderseite begossen, damit der Guß noch feucht ist, wenn Sie die Stoßstange mit Silberstreuseln bedecken; danach folgt der Rest.

15. Fertigen Sie aus einer halben Lakritzrolle ein Lenkrad an und setzen dieses unter die Frontscheibe – zusammen mit den Fahrern.

16. Rühren Sie ganz nach Belieben aus Puderzucker und Farbe verschiedene farbige Glasuren an und bemalen die Figuren; die Frontscheibe habe ich mit weißer Glasur gestrichen.

17. und 18. Malen Sie mit einem feinen Pinsel und Lebensmittelfarbe auf Mandelblätter die Nummernschilder und kleben diese mit Aprikosenmarmelade vorne und hinten auf.

19. Schneiden Sie jetzt von einer aufgerollten Lakritzrolle unterschiedlich große Streifen ab, die als Scheinwerferrahmen und Zierleiste auf die Kühlerhaube kommen.

Als letztes vergessen Sie die Rückspiegel nicht: Suchen Sie aus der Tüte zwei in der Größe geeignete Mandelblätter und stecken Sie sie hochkant an beide Seiten der Windschutzscheibe.

20. und 21. Nun muß nur noch die Reisetasche gepackt werden... und der Ausflug beginnt.

Flug New York 737

Keine Angst vorm Fliegen, mit diesem dicken Brummer erleben Sie keine Bruchlandung.

1. Backen Sie einen Rührteig von 28 cm ⌀ und legen die Schablone auf.

2. Schneiden Sie die Umrisse mit etwas Spiel aus.

3. Runden Sie alle Ecken und Kanten sauber ab.

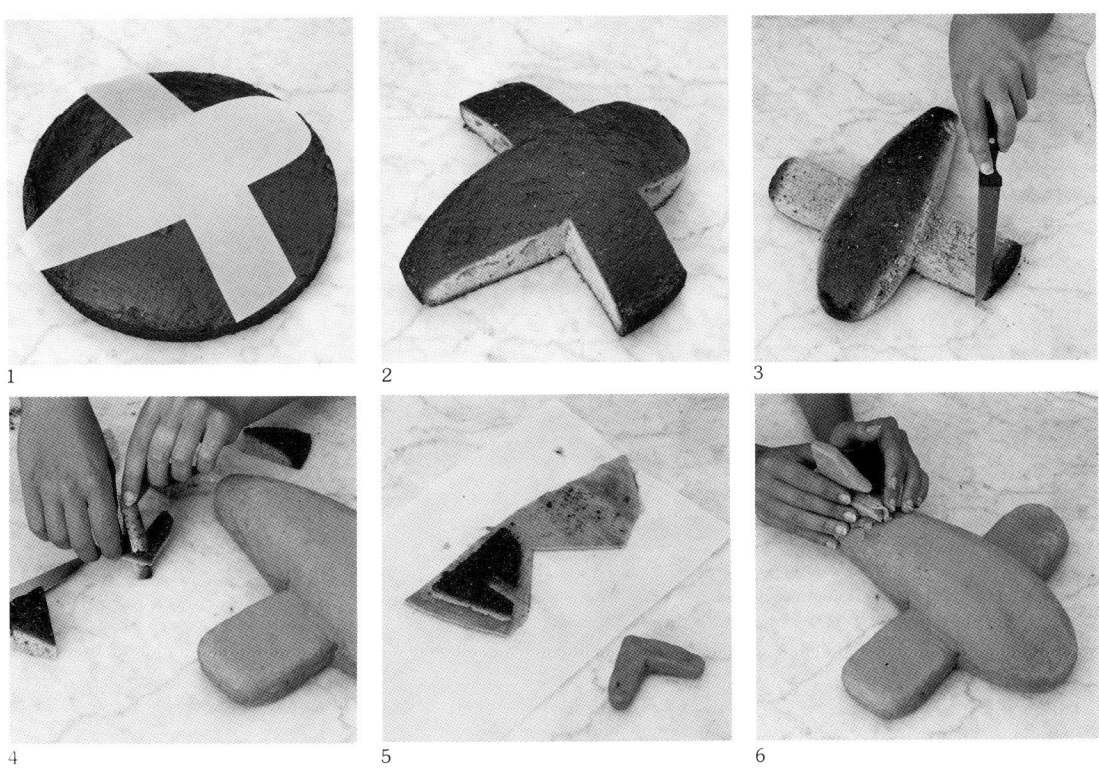

1 2 3

4 5 6

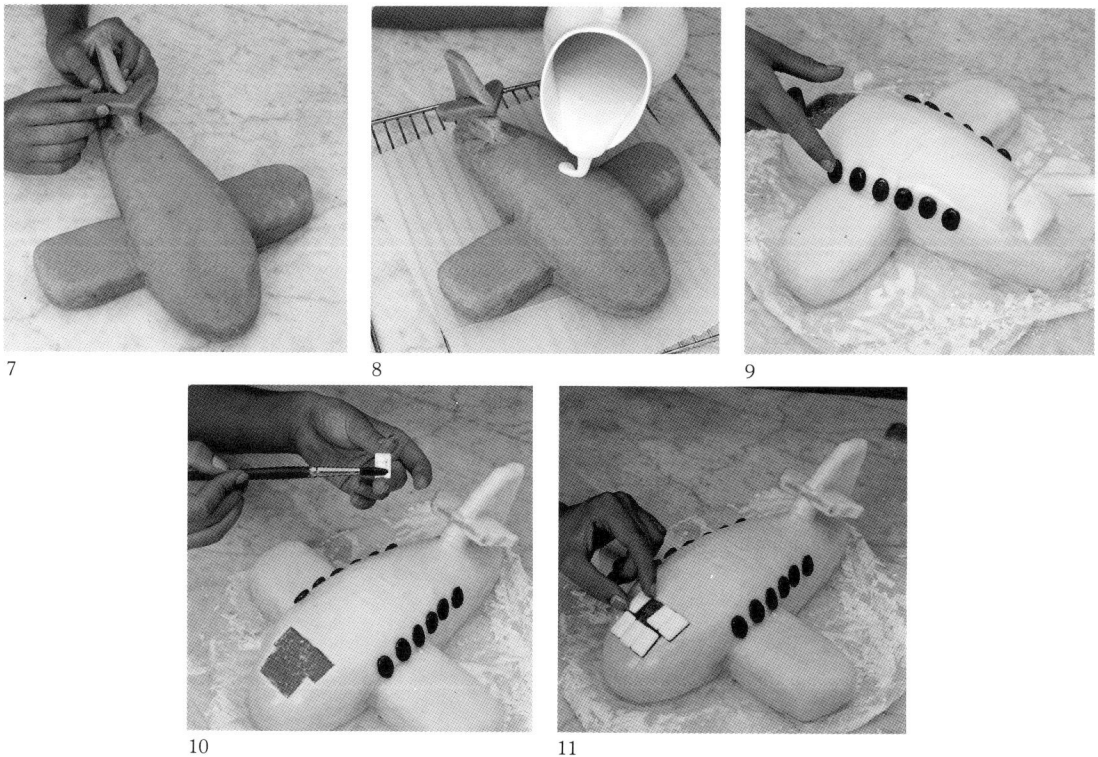

7

8

9

10

11

4. Schlagen Sie das Flugzeug mit Marzipan ein und schneiden aus dem restlichen Teig die beiden Heckteile.

5. Das eine hat die Form eines Bumerangs, das andere sieht aus wie ein geköpftes ungleichschenkliges Dreieck mit einer Einkerbung. Schlagen Sie beide Teile mit Marzipan ein.

6. und 7. Setzen Sie die dreieckige Form aufrecht auf den Rücken des Flugzeuges und schieben den Bumerang-artigen Teil in die Aussparung – daraus ergibt sich die Heckflosse.

8. Rühren Sie mit 1 bis 2 Spritzern blauer Lebensmittelfarbe eine hellblaue Glasur an und begießen damit das Flugzeug.

9. Drücken Sie in die noch frische Glasur an jeder Seite 6 Schokoladenlinsen ein.

10. Schneiden Sie im Bug aus der angetrockneten Glasur mit dem Skalpell zwei aneinanderstoßende Rechtecke aus; das obere 6 cm lang, das untere 4,5 cm, bei der Höhe 2 cm.

11. Kleben Sie nun mit Aprikosenmarmelade oben vier und unten drei Pfefferminzpastillen an. Und: Fertig!

Schneemann

Ich wußte jedesmal, was meine Großmutter vorhatte, wenn sie zu uns sagte: »Ach Kinder, da fällt mir was ein – ich habe doch noch irgendwo mein altes Märchenbuch.« Und schon war sie zur Tür hinaus und kam wieder mit dem dicken Buch unter dem Arm, setzte sich in ihren Sessel und begann, das Märchen vom

Schneemann zu lesen. Selbst wenn wir wie die Wilden tobten, sie fing einfach an und irgendwie erreichte sie es immer, daß wir binnen kürzester Zeit mucksmäuschenstill waren.

Hatte sie ihre Geschichte beendet, waren wir jedesmal Feuer und Flamme, rannten nach draußen und begannen unverzüglich mit dem

1   2   3

4   5   6

7   8   9

10   11

Bau eines Schneemannes – genau wie Sie ihn hier en miniature in Form eines Kuchens vor sich haben. Vielleicht fällt ja der Geburtstag Ihres Kindes, geradeso wie meiner, in die kalte Jahreszeit, und Sie haben Lust, als Überraschung mit den Kindern gemeinsam diesen kleinen Schneemann nachzubauen.

1. Backen Sie einen Rührteig in eine Kastenform von 20 × 11,5 cm. Schneiden Sie an einem Ende eine Gerade, um ihn aufrecht stellen zu können. Modellieren Sie zuerst den mittleren Teil, indem Sie rechts und links in einer Höhe von 12 cm zwei Dreiecke ausschneiden und die oberen Ecken abschrägen.

2. Schneiden Sie vorne einen Keil ein und runden die Ecken und Kanten des oberen Teils ab.

3. Arbeiten Sie eine Kugel heraus und beginnen mit dem unteren Teil.

4. Ist der untere Teil ebenfalls zu einer Kugel modelliert, wird der Körper an seiner Taille auseinandergeschnitten.

5. Höhlen Sie die größere Kugel soweit aus, daß eine Wand von 1–1,5 cm übrigbleibt, tragen mit einem Messer Aprikosenmarmelade an den Rändern auf und schlagen das Loch mit Marzipan aus; an einem Ende eine Lasche übriglassen, die später zum Abdecken der Öffnung gebraucht wird.

6. Schneiden Sie ein ¼ Pf. Erdbeeren zu kleinen Stücken und rühren ca. 500 g Sahne mit einem Päckchen Sahnesteif an. Füllen Sie die Erdbeeren und 2–3 Eßlöffel von der Sahne in den Teig und schließen die Öffnung mit der Marzipanlasche.

Setzen Sie nun die obere Hälfte, mit etwas Aprikosenmarmelade befestigt, wieder auf.

7. Formen Sie aus Marzipan eine weitere Kugel, die Sie als Kopf auf den Teig setzen.

8. Danach wird der gesamte Körper mit der bereits geschlagenen Sahne eingehüllt.

9. Formen Sie aus Marzipan eine Nase, die mit einem Zahnstocher im Kopf befestigt wird. Aus gelber und roter Lebensmittelfarbe entsteht die orangefarbene Glasur für die Nase; anschließend stecken Sie die Knöpfe in den Bauch. (In diesem Fall habe ich Lakritzklötzchen genommen.)

10. Augen und Mund sind aus Rosinen – man kann aber auch Bonbons verwenden.

Rollen Sie aus Marzipan zwei Arme, stecken sie mit Zahnstochern in die Seiten und verkleiden diese mit der restlichen Sahne.

11. Aus zwei Lakritzrollen wird der Zopf geflochten, den Sie ihm als Schal umlegen. Zuletzt formen Sie einen Topf aus Marzipan, mischen aus roter, blauer und grüner Lebensmittelfarbe Schwarz an und rühren so eine Glasur, mit der Sie den Topf bestreichen. Ist dieser angetrocknet, setzen Sie ihn auf den Kopf.

Sonnenbad

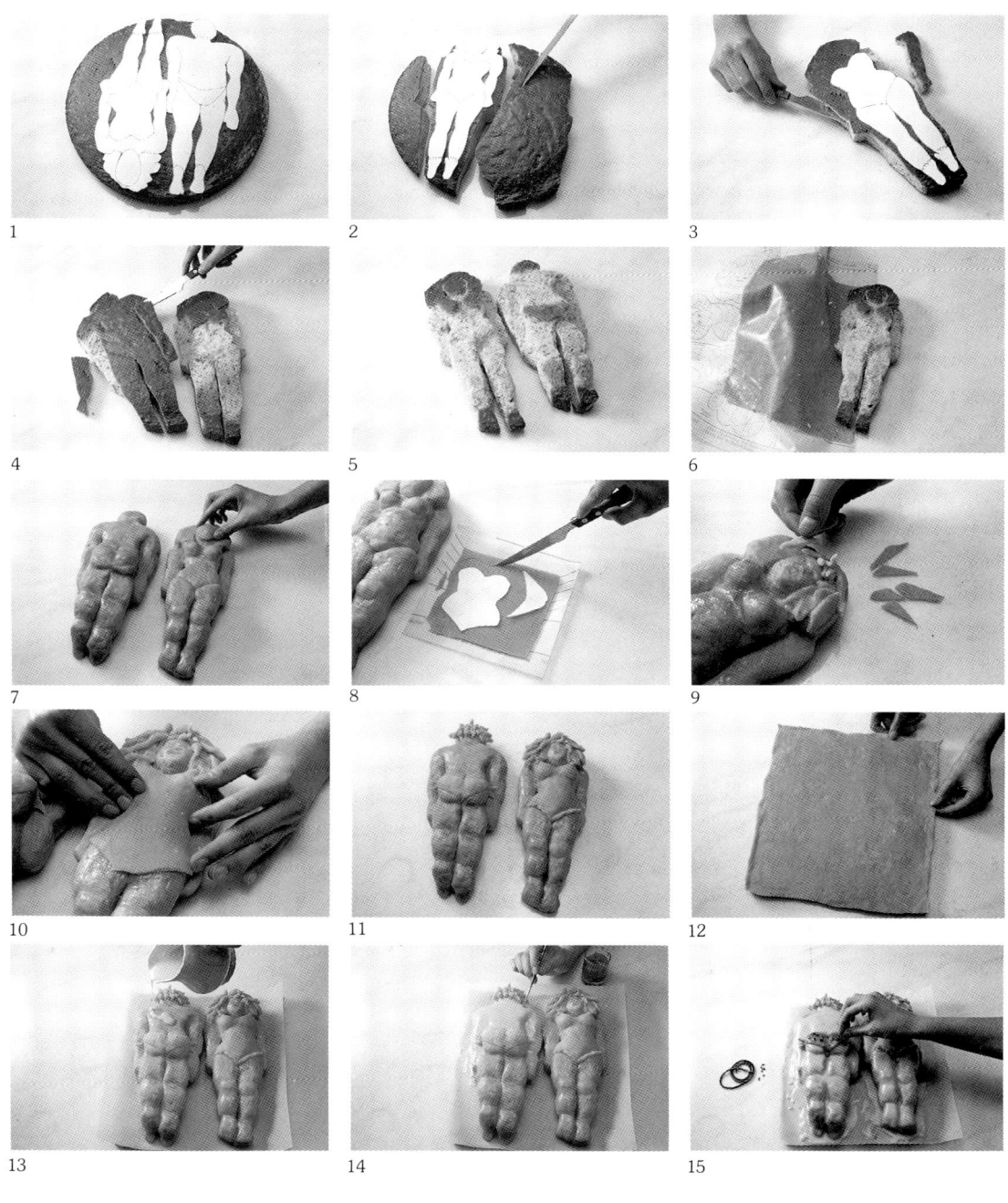

1

2

3

4

5

6

7

8

9

10

11

12

13

14

15

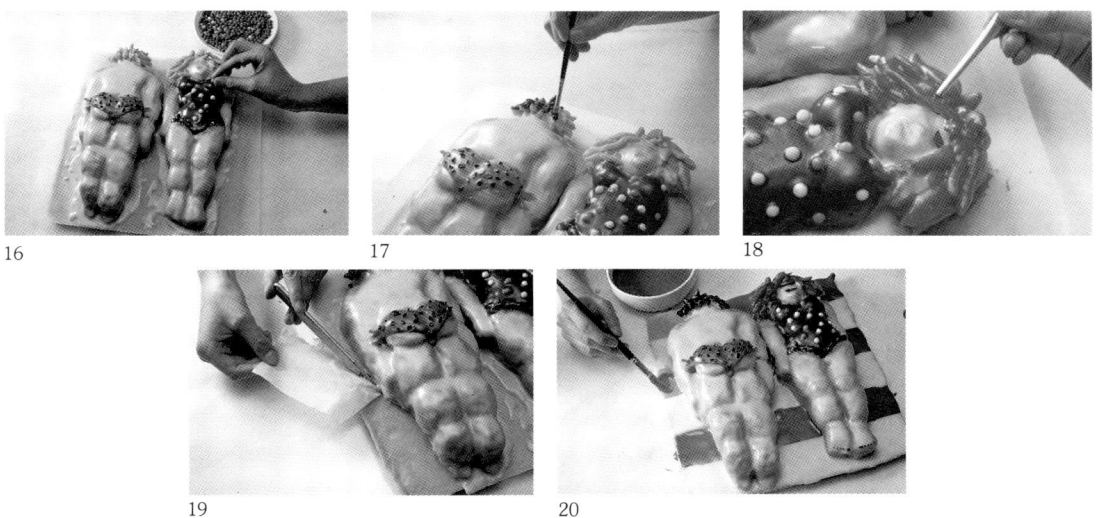

16   17   18

19   20

Na, wenn das Pärchen sich mal keinen Sonnenbrand holt. Es liegt schon eine ganze Weile in der glühenden Hitze. Oha – sehen Sie mal genau hin, ich glaube, es ist schon zu spät. Auf den Schultern und kurz über der Badehose ist die Haut schön gerötet. Es ist wohl besser, wenn sie doch aus der Sonne verschwinden, sonst vergeht Ihnen noch der Appetit. Den wünsche ich Ihnen nämlich – oder meinen Sie, daß das wirklich nichts zum Anbeißen ist? Dann lassen Sie die zwei einfach als Nippes auf Ihrem Wohnzimmerschrank stehen.

1. Backen Sie einen Rührteig mit einem ∅ von 28 cm und legen die Schablone auf.
2. Schneiden Sie die Umrisse der Figuren mit 0,5 cm Spiel nacheinander aus.
3. Trennen Sie danach die Schablone auseinander und schneiden den Teig an Schultern und Armen längs um 0,5 cm tiefer. Verringern Sie den restlichen Körper von den Beinen bis zum unteren Brustansatz, indem Sie mindestens die Kruste des Kuchens abnehmen.
4. Wiederholen Sie den Vorgang am Körper des Mannes. Beginnen Sie an den Schultern, in einer sanften Schräge die Höhe der Arme zu verkürzen.
5. Halten Sie den männlichen Körper im ganzen kantiger. Um den Po stärker hervorzuheben, setzen Sie das Messer in der Breite an den Schulterausläufern in den Teig und schneiden mit leichtem Schwung nach innen ein Hohlkreuz. Runden Sie die Frau dementsprechend stärker ab.
6. Rollen Sie 300 g Marzipan aus und schlagen beide Figuren ein.
7. Verstärken Sie das Gesicht mit einer 0,5 cm dicken Marzipanlage und modellieren Sie die Formen nach.
8. Schneiden Sie mit Hilfe der Schablone und einem Rest aus gerolltem Marzipan eine Badehose und einen Badeanzug. Geben Sie jedoch mindestens 0,5 cm Spiel zu.
9. Formen Sie Dreiecke und Kringel aus Marzipan und legen diese über- und nebeneinander auf die Köpfe. Nehmen Sie einen Pinsel und formen das Gesicht der Frau.

10. Legen Sie nun vorsichtig die Badehose und den Anzug auf. Rollen Sie die Enden an der Brust und den Beinen ein wenig zusammen und schneiden kleine Kerben ein, um den Eindruck von Spitzen zu erwecken.

11. Das fertige Paar.

12. Suchen Sie nun in Ihrem Haushalt nach einer geeigneten Unterlage, auf die Sie das Badetuch auflegen wollen. Am besten eignet sich wohl eine dünne, ca. 7–8 mm starke Holzplatte oder eine starke Pappe, auf der sie die Kuchen auch längere Zeit liegenlassen können. Rollen Sie nochmals etwas Marzipan aus und schneiden daraus eine 3 cm dicke Lage zu. Spannen Sie Alufolie um das Brett und bedecken sie mit dem Marzipan.

13. Jetzt legen Sie unter die Figuren (also auf das Marzipan) einen Bogen Transparentpapier, erst darauf die Figuren selbst. Rühren Sie aus Puderzucker, Zitronensaft und 1 Tropfen roter Lebensmittelfarbe rosa Glasur an und begießen zuerst den Rücken des Mannes.

14. Tauchen Sie einen feinen Pinsel in rote Lebensmittelfarbe und malen vorsichtig in den noch feuchten Guß, um an den Schultern und der unteren Rückenpartie einen Sonnenbrand sichtbar zu machen.

15. Gießen Sie die restlichen Körperpartien und mischen eine weitere Glasur in kräftigem Gelb an, die Sie auf die Badehose

geben. Streuen Sie die Lakritzsplitter in den feuchten Guß.

Bereiten Sie das Muster der Badehose vor, indem Sie eine Lakritzrolle zu einem Streifen ziehen und kleine Splitter daraus schneiden.

16. Für den Badeanzug habe ich rote Glasur gewählt und als Muster dicke, bunte Liebesperlen eingedrückt.

17. Rühren Sie in einem Schnapsglas aus Puderzucker, Zitronensaft und grüner, blauer und roter Lebensmittelfarbe schwarze Glasur an und bepinseln sie damit die Haare des Mannes. Geben Sie in den Rest der gelben Badehosenglasur einen Tropfen rote Lebensmittelfarbe und bemalen die Haare der Frau.

18. Fertigen Sie die Sonnenbrille für die Frau, indem Sie mit dem Skalpell aus einem Lakritzbonbon zwei kleine halbovale Formen schneiden und diese mit Aprikosenmarmelade und einer Pinzette auf die Augen kleben. Malen Sie anschließend mit roter Lebensmittelfarbe einen schönen großen Mund.

19. Nun trennen Sie vorsichtig an den Rändern der Figuren (mit Hilfe eines Skalpells) das Transparentpapier ab.

20. Rühren Sie einmal weiße und hellblaue Glasur an, um das Badetuch zu übergießen, und tragen danach mit einem dicken Pinsel einen weißen und einen hellblauen Streifen auf.

Americake

Amerika, du Land der unbegrenzten Möglichkeiten. Selbst einen Kuchen läßt du aus dir machen. Favorisieren Sie ein anderes Land, so schlagen Sie Ihren Atlas auf und machen sich auf die Suche nach einem Land Ihrer Wahl. Es

läßt sich praktisch alles backen. Selbst die BRD wäre zu versüßen.

1. Da der hierfür verwendete Plätzchenteig hart und knusprig wird, muß er entweder im Rohzustand ausgeschnitten werden

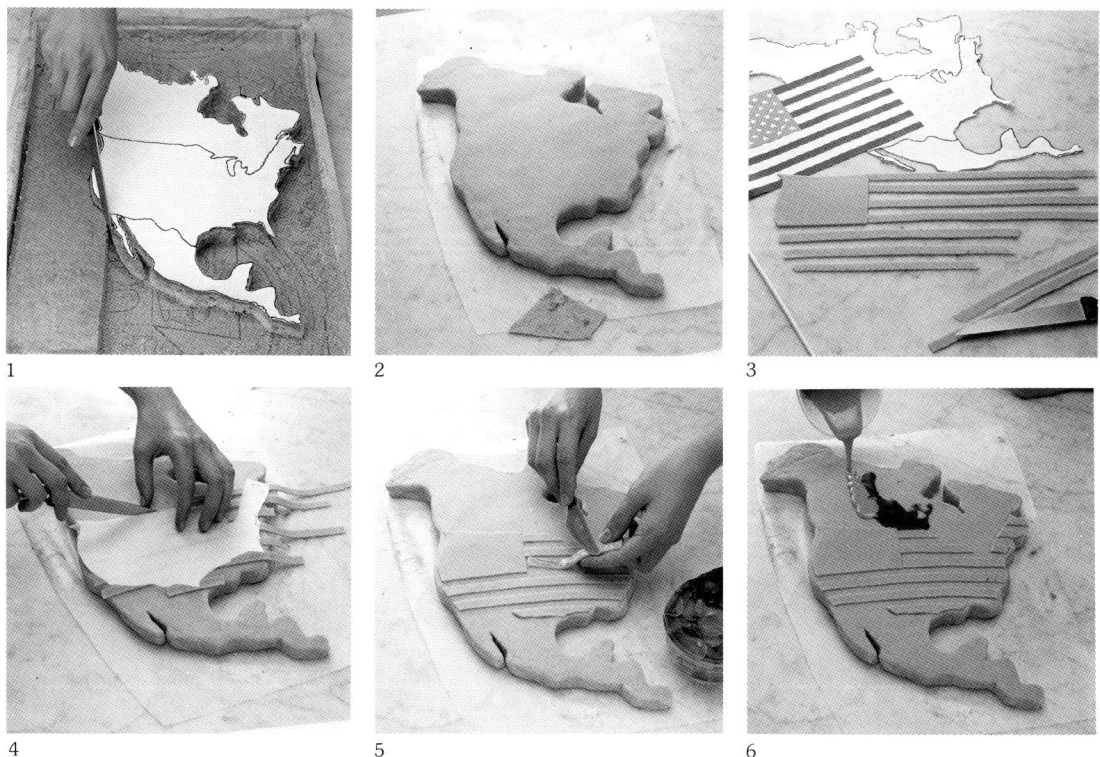

1 2 3

4 5 6

oder im halbfertigen, aber noch weichen Zustand. Backen Sie deshalb den Plätzchenteig ca. eine ¼ Stunde an, legen die Schablone auf und schneiden die Umrisse aus.

Dann stellen Sie das Blech wieder in den Ofen und backen ihn aus. Die Schablone läßt sich leicht aus dem Hausatlas abpausen.

Ist die Vorlage zu klein, gehen Sie einfach in den nächsten Photokopierladen und lassen sich die Pause vergrößern (wie ich es in diesem Fall gemacht habe).

2. Schlagen Sie die Form mit Marzipan ein.

3. Rollen Sie weiteres Marzipan aus und schneiden ein Rechteck von 10 × 6 cm und 6 Streifen von 1 cm Breite so lang aus, daß sie über die breiteste Stelle der Fläche gehen.

4. Legen Sie das Marzipan nach Vorbild der amerikanischen Flagge auf das Plätzchen, wo auf dem Atlas die USA liegen. Mit Hilfe einer Transparentpause, welche als Ausschnitt von der Schablone genommen wird, werden die Umrisse der Staaten ausgeschnitten.

5. Kleben Sie alles mit Aprikosenmarmelade auf.

6. Rühren Sie mit Lebensmittelfarbe gelbe und hellgrüne Glasur an und gießen beides zusammen auf die Form.

7. Dabei beginnen Sie mit dem oberen Teil von Amerika und mischen die Farben mit einem Pinsel ineinander.

8. Malen Sie nun die Flagge, wozu blaue, weiße und roten Glasur benötigt werden. Pinseln Sie diese auf die Streifen und das Rechteck.

7   8   9

10   11

9. Schneiden Sie sich eine weitere Schablone aus einem Stück Pappe für den Stern. Damit schneiden Sie aus dem Rest des ausgerollten Marzipans mindestens 12 Sterne aus (je nach Größe mehr).

10. Bestäuben Sie die Sterne mit Puderzukker aus dem Sieb und

11. legen sie mit dem flachen Messer auf die blaue Fläche der Flagge: Die Hymne kann ertönen...

Im Discofieber

Na, meine Damen, lädt Sie dieses rasante Bein nicht doch zu einem Tänzchen ein? Und sagen Sie nicht, Sie seien zu alt dafür, – die Zeiten, wo Sie selbst jeden Samstag tanzen gingen, sind doch noch nicht so lange vorbei! Und wenn das Tanzbein geschwungen ist, kann man sich ja diesem hier widmen.

1. Backen Sie einen Rührteig von 26 cm Durchmesser und legen die Schablone auf.

2. Schneiden Sie die Umrisse mit einem Spiel von ca. 1½ cm aus.

3. Runden Sie die Ecken und Kanten ab.

4. Schlagen Sie das Bein mit 400 g Marzipan ein.

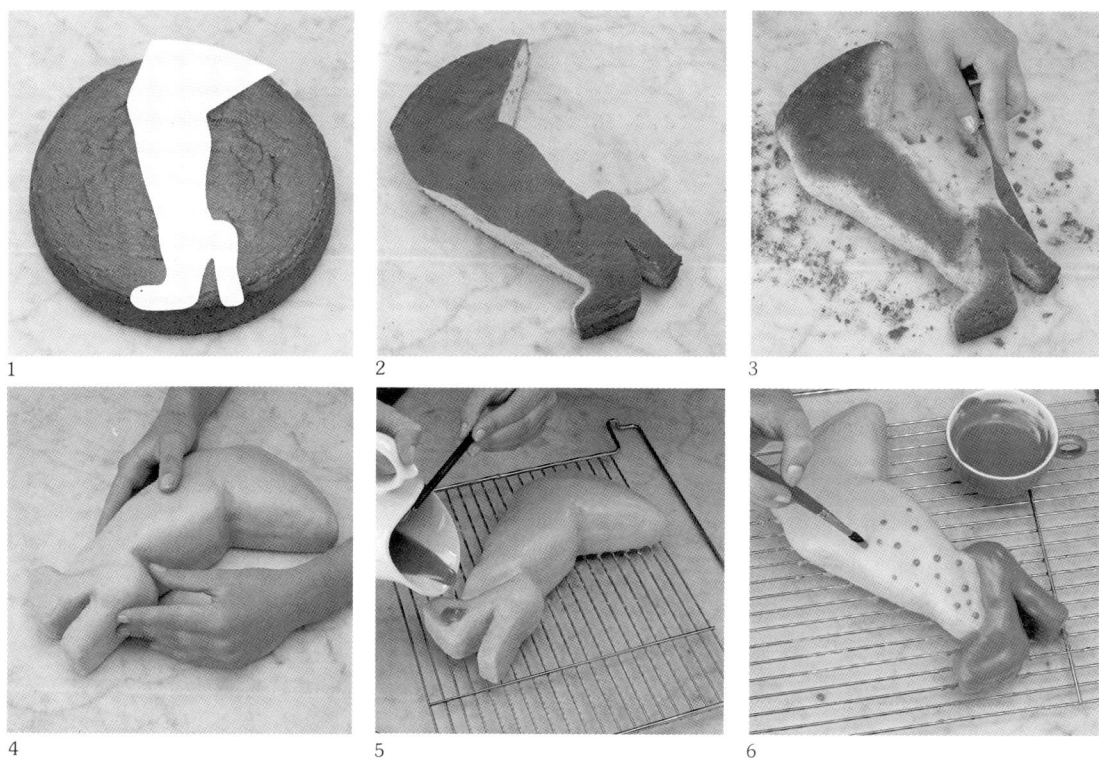

5. Rühren Sie eine Glasur aus einem Tropfen blauer und grüner Lebensmittelfarbe für den Strumpf an, und gießen hellblaue Glasur über den Schuh.

6. Zum Schluß wird der Strumpf mit Punkten aus roter Glasur verziert. Ja, und wenn jetzt das Dinner hiermit seinen krönenden Abschluß gefunden hat, kann der Tanz beginnen.

Junges Gemüse

ODE AN DIE TOMATE
Die Straße
füllte sich an mit Tomaten,
Mittagsstunde,
Sommerzeit,
in zwei
Tomatenhälften
teilt sich
das Licht,
rinnt
der Saft
durch die Straßen.
Im Dezember
löst sich
die Tomate ab,
fällt in die Küchen ein,
sie erscheint zum Frühstück,

läßt sich gelassen
nieder
zwischen Gläsern,
Butterschalen,
blauen Salzgefäßen
auf die Anrichten.
Sie strahlt
eigenes Licht,
sanfte Hoheit aus.
Welch ein Unglück, wir müssen
sie töten:
Es senkt sich
das Messer
in ihr lebendiges Fruchtfleisch,
ein blutrotes
Eingeweid,
eine frische,
tiefe,
unerschöpfliche
Sonne,
sie macht die Salate
Chiles vollkommen,
vermählt sich fröhlich
der hellen Zwiebel,
und um dieses zu feiern,
läßt man
Öl,
der Olive
innerstes Essenz,
niederträufeln,
auf ihre halbgeöffneten Hemisphären
fügt sein prickelndes Arom
der Pfeffer hinzu,

das Salz seinen Magnetismus:
Es ist die Hochzeit
des Tages,
die Petersilie
pflanzt
ihre Feldzeichen auf,
und die Kartoffeln
brodeln mit aller Kraft,
der Braten
pocht
mit seinem Duft
an die Tür,
es ist soweit!
Fangen wir an!
Und auf
dem Tisch, am Leib
des Sommers,
die Tomate,
Gestirn der Erde,
häufiger
und fruchtbarer
Stern,
weist ihre Wölbungen uns,
ihre Kanäle,
die köstliche Vollkommenheit
und die Fülle
knochenlos,
panzerlos,
ohne Schuppen und Stacheln,
bringt sie uns
die Gabe dar
ihrer Feuerfarbe
und ihre ganze Frische.

Pablo Neruda

Vergleichen Sie diesen Text bitte mit den detaillierten Bildanweisungen im Farbteil.

Dieses fröhliche Gedicht des chilenischen Dichters Pablo Neruda will ich Ihnen nicht vorenthalten, weil es die Idee zu dem Gemüsebrett lieferte.

Als ich darüber nachsann, wieder mal ein Essen für einige Freunde zu geben, und zu diesem Zweck einige Kochbücher durchwühlte, fiel mir sinnigerweise zwischen einem Rezept für Kohlrouladen und einem für eingelegte Heringe das Gedicht in die Hände. Also, das mußte es sein: ein Essen nur aus Tomaten. Ja, und was aus dem Dessert geworden ist, sehen Sie ja selbst.

1. Backen Sie einen Rührteig in einer Form von 26 cm Durchmesser.

2. Ordnen Sie die einzelnen ausgeschnittenen Formen so wie auf dem Foto im Farbteil an; so können Sie vier Teile aus einem Kuchen schneiden. Aus dem Kreis wird eine Tomate; dahinter liegt die Grundform der Paprika, rechts die Aubergine und links die Gurke.

3. Runden Sie nun die Ecken der Formen ab. Um die Tomate zu gestalten, beginnen Sie in der Mitte der kreisförmigen Oberfläche mit dem Messer eine kleine Vertiefung herauszuschaben; von da zu den Kanten des Kreises und soweit abrunden, bis eine Kugel entstanden ist. Nun schneiden Sie von der Mitte aus vier leichte Einkerbungen bis zu den Seitenpartien.

Prinzipiell wird bei der Gurke genauso verfahren, nur werden hier die Vertiefungen längs angebracht.

An der Aubergine werden tatsächlich nur die Kanten abgerundet, allerdings soweit, daß eine möglichst runde Oberfläche entsteht.

Die Paprika ist etwas komplizierter: Schneiden Sie von der Oberfläche jeweils rechts und links zur Mitte hin einen Block von maximal 1 cm Dicke und 2 cm Breite heraus. Runden Sie nun die Kanten des entstandenen Sockels ab, ebenso die äußeren Ecken. In die Unter- und Oberseite kerben Sie wie bei der Tomate eine leichte Vertiefung und runden die vier »Hälften« ebenfalls ab.

Die Formen sind fertig zum Übergießen; diese Kuchen werden nicht mit Marzipan eingeschlagen.

Rühren Sie mit Lebensmittelfarben die entsprechenden Glasuren an – Rot für die Tomate, Gelb die Paprika, Grün für die Gurke, und aus Rot und Blau mischen Sie eine dunkles Violett für die Aubergine – und übergießen die Formen. Sie benötigen pro Kuchen jeweils etwa ½ Liter Flüssigkeit, wenn sie glatt werden sollen.

4. und 5. Formen Sie nun die Stiele des Gemüses aus Marzipan. Paprika und Aubergine haben beide einen vierkantigen kurzen Stiel, wobei der Blattansatz der Paprika fast wie eine Ausdehnung des Stiels wirkt, im Gegensatz zur Aubergine, die eine echte Kopfbedeckung vorweisen kann. Vom Stiel ausgehend schließen sich vier kelchförmige Marzipanblätter um den Hals der Frucht (des Kuchens); die Tomate hat einen dünnen Stiel, von dem fünf spinnenartige Beinchen ausgehen.

Alle drei Stiele färben Sie mit grüner Lebensmittelfarbe ein und drücken sie in den noch frischen Guß, damit sie haften.

6. Lauch und Radieschen entstehen ebenfalls aus Marzipan.

Schneiden Sie ein sauberes Rechteck und rollen Sie mit beiden Händen in voller Länge eine Stange aus 3 bis 4 Schichten; die restliche Lage wird abgetrennt. Nun formen Sie die Radieschen als Tropfen.

7. und 8. Nun kommt das Lauch. Rollen Sie von der restlichen Lage jeweils 1 bis 2 Schichten unterschiedlicher Größe ineinander. Dann werden die Blätter für die Radieschen ausgeschnitten.

Zum Schluß folgen kleine Stiele für die Radieschen und Wurzeln für die Lauchknolle. Fügen Sie Radieschen, Stiele und Blätter ebenso wie die Wurzeln für den Lauch aneinander.

9. und 10. Jetzt wird das Lauch mit weißer Glasur begossen und die Radieschen mit Lebensmittelfarbe angemalt.

Herzchen

Vergleichen Sie diesen Text bitte mit den detaillierten Bildanweisungen im Farbteil.

1. Backen Sie den Haselnußteig in einer Form von 28 cm ∅ und legen die Schablone auf.
2. Schneiden Sie die Umrisse nach und heben zwei Schichten ab.
3. **und 4.** Rühren Sie nach Rezept die Haselnußbuttercreme an und streichen zuerst die untere Hälfte ein, legen die mittlere Kuchenlage darauf und verstreichen dann den Rest der Creme.
5. Zum Schluß die dritte Lage.
6. Rollen Sie 400 g Marzipan aus und schlagen das Herz damit ein.
7. Hier eine Zusammenstellung der Bonbons, die zur Dekoration dienen: Die schwarzen Schnüre sind vier auseinandergerollte Lakritzschnecken, an deren unteren Enden Bonbonkettenglieder verschnürt werden (Schulterriemen). Die Bonbonkette stellt den Reißverschluß dar.
8. Rühren Sie aus Puderzucker, Zitronensaft und gelber Lebensmittelfarbe die Glasur an und begießen damit das Herz.
9. Drücken Sie die bunten Bonbons in den frischen Guß.
10. Ebenso die Kette an die Seite und
11. an ihren Enden die Lakritzschnüre.
12. Zum Schluß verzieren Sie den Rand mit Lakritzpatronen.

Diva

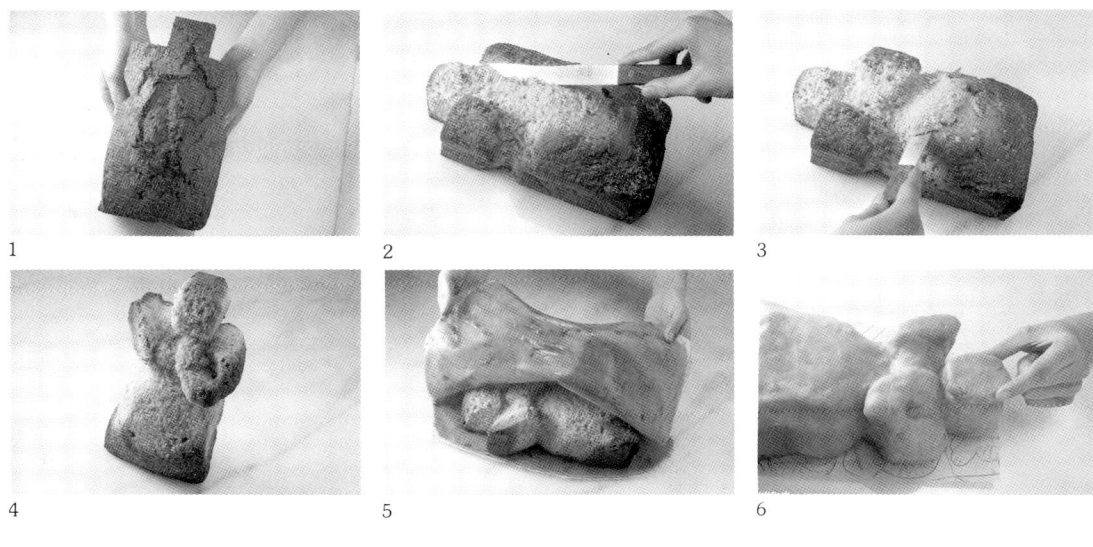

1
2
3

4
5
6

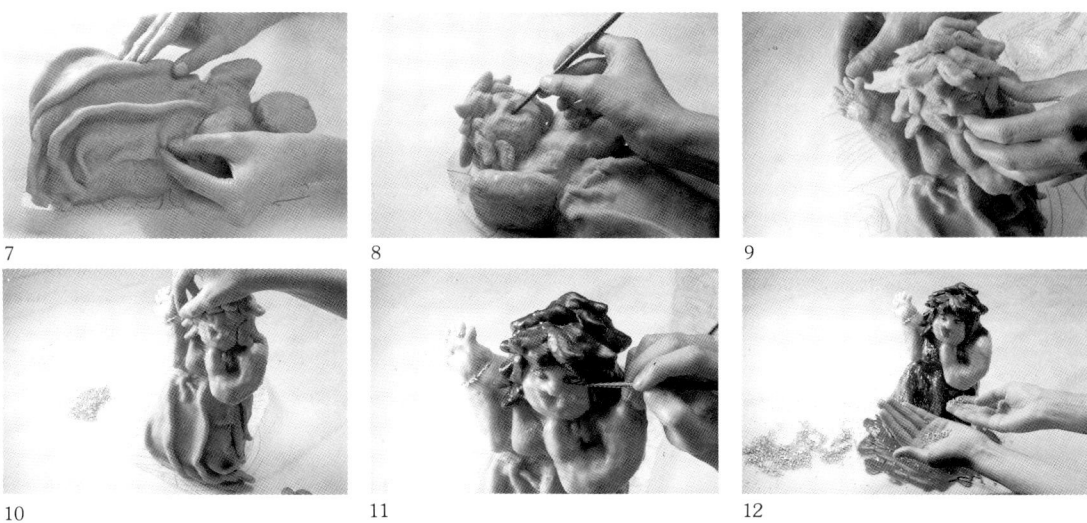

7   8   9

10   11   12

DIE SÄNGERIN

Reihen, Stühle, braune, harte.
Eintritt gegen Eintrittskarte.
Damen viel. Vom Puder blasse.
Und Programme an der Kasse.
Einer drückt. Die erste Glocke.
Sängerin rückt an der Locke.

Leute strömen. Manche kenn ich.
Garderobe fünfzig Pfennig.
Wieder drückt man. Zweite Glocke.
Der Begleiter glättet Socke.
Kritiker erscheint und setzt sich.
Einer stolpert und verletzt sich.

Sängerin macht mi-mi-mi.
Impresario tröstet sie.
Dritte Glocke. Schrill und herrisch.
Sie erscheint. Man klatscht wie närrisch.
Jemand reicht ihr zwei Buketts.
Dankbarkeit für Freibilletts.

Und sie zuckt leis mit den Lippen.
Beugt sich vor, als wollt sie kippen.
Nickt. Der Pianist macht Töne.
Sängerin zeigt weiße Zähne.
Öffnet zögernd dann den Mund.
Erst oval. Allmählich rund.

Und – mit Hilfe ihrer Lungen
hat sie hoch und laut gesungen.
Sie sang Schumann, Lincke, Brahms.
Der Beginn war acht Uhr ahms.
Und um elf geht man dann bebend,
aber froh, daß man noch lebend,
heimwärts. Legt sich müde nieder . . .
Morgen singt die Dame wieder.

Heinz Erhardt

Aber diesmal bei Ihnen zu Hause und gleich auf der Kaffeetafel – nur lassen Sie ihr ein wenig Zeit. Sie ist es gewohnt, gebührend beklatscht zu werden.

Sie ist schon praktisch, die eigene Sängerin frisch aus dem Ofenrohr.

1. Backen Sie einen Rührteig in einer Kastenform von 23 × 11,5 cm und schneiden zuerst die Kopfform heraus – d. h.: jeweils rechts und links einen Block von 4 × 3,5 cm heraustrennen. Legen Sie danach die Taille an. Um das Schwergewichtige zu betonen, sollte die Taille natürlich möglichst hoch sein. Schneiden Sie also rechts und links unmittelbar über der Mitte zwei Dreiecke mit einer Tiefe von 1 cm ein.

2. Runden Sie nun die rechte Schulter und den Kopf seitlich wie vorne ab. Tragen Sie mit dem Messer unterhalb des Kopfes von der Mitte der Oberfläche abwärts 1 cm Teig ab, wobei Sie links einen Block von 3 cm stehenlassen und eine V-Form für den Arm über der Brust anlegen.

3. Schneiden Sie nun weiteren Teig von der Oberfläche ab, so daß die Arme ca. 1 cm vorstehen. Runden Sie die Taille weiter ab und formen Sie aus dem linken Block die kurzen dicken Arme und die Brust, die eng neben dem rechten Arm liegt.

4. Sehen Sie sich die Figur noch einmal genauer an.

   Der rechte Arm liegt vor der Brust; die Armbeuge ist der tiefste Teil. Der linke Arm geht nur bis zum Handgelenk, die Hand wird später aus Marzipan geformt.

   Sie müssen also aus dem linken Block ein wenig die Schultern abrunden und dem Arm von der Mitte des Körpers an eine sich nach oben verjüngende Form geben.

5. Rollen Sie 200 g Marzipan aus und schlagen den Rohling ein.

6. Das Gesicht wird mit einer ovalen 0,5 cm starken Marzipanlage verstärkt.

7. Rollen Sie weitere 100–150 g Marzipan für das Kleid aus und legen es mit möglichst schönen Falten um den Körper. Sollte Ihnen – so wie mir – die Brust der Dame etwas zu klein geraten sein, polstern Sie sie mit etwas Marzipan nach.

8. Rollen Sie aus Marzipan 10 unterschiedlich große Kegel und setzen diese auf den Kopf der Dame. Drücken Sie hin und wieder mit einem Pinselrücken einige Ecken und Krümmungen hinein, um die Haarwelle darzustellen. Formen Sie anschließend – wiederum mit dem Pinselrücken – das Gesicht.

   Die Augen werden etwas eingedrückt, ebenso der Mund; er sollte groß und weit geöffnet sein. Das Marzipan, das dabei entfernt wird, dient dann der Nase.

9. Formen Sie das linke Händchen, indem Sie eine Marzipankugel aufsetzen, diese mit zwei Fingern flach drücken und mit einem Skalpell oder einem Küchenmesser fünf Finger formen.

10. Rühren Sie in einem Schnapsglas aus Puderzucker, Zitronensaft und einem Tropfen roter Lebensmittelfarbe eine rosafarbene Glasur an und pinseln das Gesicht ein. Ziehen Sie jetzt der Dame ein Silberarmband an, indem Sie Silberstreusel hochkant in den Arm stecken. Ebenso kommt ein Ring an den Finger.

11. Rühren Sie wieder in einem Schnapsglas die Glasur für die Haare an (blaue, rote und grüne Farbe zu Schwarz mischen). Malen Sie danach mit einem feinen Pinsel das Gesicht an.

12. Begießen bzw. pinseln Sie zum Schluß das Kleid an. Aus Grün und Blau ergibt sich eine türkisfarbene Glasur. Anschließend werden Silberstreusel in den frischen Guß gestreut.

Bruder Lustig

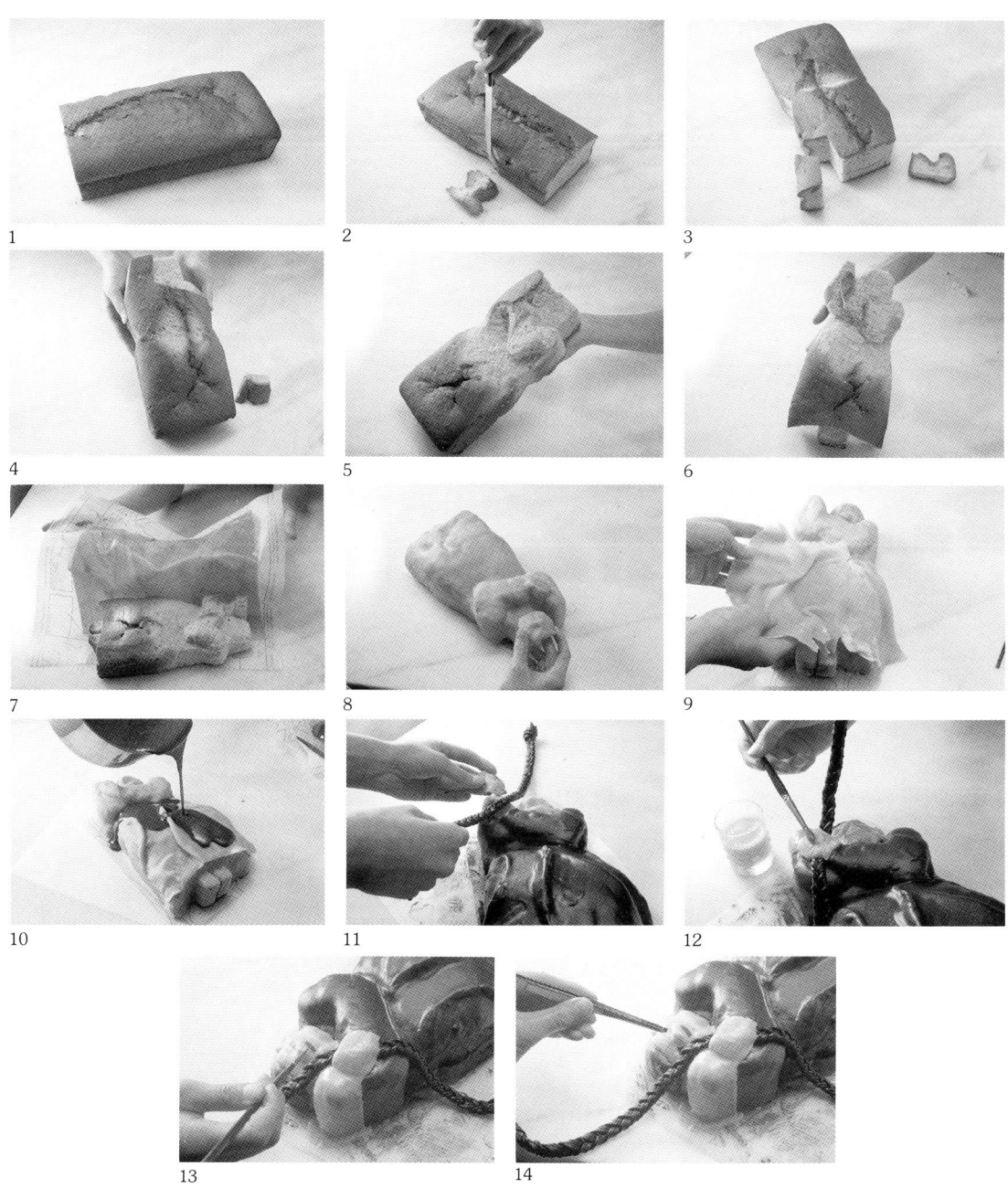

1

2

3

4

5

6

7

8

9

10

11

12

13

14

1. Backen Sie wiederum einen Rührteig in einer Kastenform von 23 × 11 cm.

2. Beginnen Sie im oberen Drittel, indem Sie an der linken und rechten Seite einen flachen Keil einschneiden, um eine hohe Taille anzulegen.

3. Trennen Sie einen ebenso flachen Keil auf der Oberseite des Bauchs heraus und schneiden rechts einen Block von 3 × 4 cm ab, um Schulter und Kopf anzulegen. Die linke Ecke wird abgeschrägt.

4. Links soll der Arm entstehen, mit dem sich der Mönch an dem Glockentau festhält. Schneiden Sie dazu einen leicht nach unten abgeschrägten Vierkant von etwa 1 cm Dicke aus dem Teig: Damit ist gleichzeitig der Kopf angelegt.

5. Modellieren Sie nun den anderen Arm. Ziehen Sie dazu mit dem Messer eine Hilfslinie für die untere Kante.

Beginnen Sie rechts außen, leicht schräg weg von der schon herausgetrennten Taille ca. 3 cm abwärts und von da in einem spitzen Winkel wieder nach oben bis an den anderen Arm.

Jetzt trennen Sie von dieser Linie abwärts eine Teigschicht von ca. 1 cm Dicke heraus, aber nur bis zum Ende des anfangs herausgeschnittenen Bauchansatzes – so ergibt sich eine schöne Rundung.

Modellieren Sie weiter den oberen Teil des Armes: Schneiden Sie parallel zu der unteren Armkante 2 cm darüber ebenfalls einen Winkel und runden das Ganze ab.

6. Schneiden Sie den gesamten linken Arm – bis auf die Aussparung einer kleinen ovalen Fläche für die Hand – um ca. 0,5 cm tiefer. Jetzt ist die Figur bis auf winzige Kleinigkeiten fertig.

Runden Sie den Kopf und noch vorhandene Ecken an Schulter und Armen ab und schneiden zum Schluß die Füße heraus. Dazu schneiden Sie mit einem Messer einen 3 × 3 cm großen Vierkantblock in der Mitte der Unterseite heraus, der etwa 2 cm dick sein sollte.

Um ein bißchen Schwung in die Kutte zu bringen, schneiden Sie von der vorderen linken zur rechten Ecke ein leichtes Halbrund.

7. Rollen Sie nun 300 g Marzipan aus und schlagen die Figur ein.

8. Eine halbrunde Form aus Marzipan wird als Gesicht auf den Kopf gesetzt.

9. Rollen Sie nochmals 150 g Marzipan aus und legen die Kutte möglichst faltig von der Taille ab um den Körper.

10. Rühren Sie Schokoladencouvertüre an und gießen nun die Kutte des Mönchs.

11. Rollen Sie 2 Lakritzschnecken auseinander und flechten daraus einen Zopf, legen diese auf die Vorderhand und kleben sie mit Aprikosenmarmelade und einer zusätzlichen Marzipanfläche in der Größe der Hand darüber fest.

Formen Sie anschließend mit einem Pinselrücken das Gesicht und setzen – ebenfalls aus Marzipan – die Ohren auf und das Käppi.

12. Rühren Sie in einem Schnapsglas rosafarbene Glasur an und pinseln das Gesicht, die Hände und die Füße.

13. Malen Sie mit roter Lebensmittelfarbe den Mund und als Gag die Fußnägel rot. Wangen und Nase sollten rötlich sein, wozu die Farbe ein wenig verdünnt wird.

14. Zum Schluß werden zwei Augen aus dünnen Lakritzstäbchen mit einer Pinzette eingesetzt.

Friedenstorte

Vergleichen Sie diesen Text bitte mit den detaillierten Bildanweisungen im Farbteil.

1. und 2. Backen Sie eine Bisquittorte mit 3 Eßlöffeln Kakao in einer Springform mit einem Durchmesser von 28 cm und lassen sie über Nacht abkühlen. Schneiden Sie die Torte zweimal längs durch.

3. Tränken Sie die Böden mit verdünntem Kirschwasser.

4. Bestreichen Sie sie dann mit Kirschmarmelade.

5. Anschließend decken Sie sie mit Sahne ab.

6. Nun legen Sie Sauerkirschen auf und bestreichen das Ganze mit einer weiteren Schicht Sahne.

7. Mit dem zweiten Boden zudecken.

8. Streichen Sie auf die Oberfläche wieder Marmelade und Sahne auf, und legen die geviertelten Erdbeeren und den Rest Kirschen auf. Dann wird mit dem dritten Tortenboden abgedeckt.

9. Rollen Sie 300 g Marzipan aus und nehmen die offene Springform als Maß für den Deckel (offen, weil das Marzipan rundherum 2 bis 3 mm überstehen soll).

10. und 11. Legen Sie das Marzipan auf die Torte und fügen anschließend den Marzipanrand (aus 200 g) an.

12. bis 14. Zeichnen Sie eine Schablone, legen diese auf ca. 200 g ausgerolltes Marzipan und schneiden die Umrisse aus. Trennen Sie von der Schablone einen Flügel ab, schneiden ihn ebenfalls aus Marzipan aus und legen ihn als zweite Schicht auf die Taube.

15. Formen Sie wieder aus Marzipan einen Zweig und legen ihn der Taube in den Schnabel.

16. Rühren Sie weiße Glasur an und übergießen damit zuerst die Taube, dann folgt die Torte mit hellblauem Guß. Als letztes werden die Blätter mit grüner und der Zweig mit brauner Lebensmittelfarbe angemalt.

Boudoir

Vergleichen Sie diesen Text bitte mit den detaillierten Bildanweisungen im Farbteil.

1. Backen Sie zwei Rührteige – eine Kastenform und eine runde Form.

2. Fangen Sie mit der Liege an, damit der Guß gut austrocknen kann und nicht springt, wenn die Frau daraufgelegt wird.

Schneiden Sie als erstes ein sauberes Rechteck zu und trennen jeweils von der oberen und unteren Ecke einen Block von 2 cm Tiefe und 2 cm Länge ab. So hat die Liege einen Sockel.

Runden Sie nun an der Stirnseite die Kante für die Kopflehne ab und schneiden mit dem Messer eine sanfte Schräge.

3. Schlagen Sie das Sofa mit 300 g Marzipan ein und gießen rote Glasur darüber.

4. Eine kleine Verzierung an der Kopflehne in Form eines bunten Bonbons gibt dem Ganzen noch ein kleines Extra. Sie hält durch einen Zahnstocher, der zur Hälfte im Bonbon und zur anderen im Sofa steckt.

5. Nun folgt die eigentliche Hauptperson. Eine Schablone wird auf die runde Form gelegt und ihre Umrisse mit 1 cm Spiel ausgeschnitten.

6. Beim Modellieren wird der Teig von oben nach unten abgetragen. Sie werden merken, wie der anfänglich scheinbar große Spielraum zwischen dem Teigschnitt und der Schablone seine Notwendigkeit hatte, um die Rundungen an Armen und Beinen zu bewerkstelligen.

7. und 8. Ist der Körper modelliert, formen Sie aus Marzipan eine ovale Halbkugel für das Gesicht.

9. Schneiden Sie aus Teigresten unterschiedlich große Dreiecke, die Sie von einer Seite mit Aprikosenmarmelade bestreichen und teilweise übereinander auf den Marzipankopf kleben.

10. Formen Sie mit einem Stäbchen oder Pinsel das Gesicht.

11. Jetzt können Sie den Rohling einschlagen. Bedecken Sie zur größeren Stabilität auch den Boden der Figur. Dazu rollen Sie ca. 300 g Marzipan zu einem Rechteck aus und legen den Kuchen mit der Unterseite an den Kopf der Fläche. Mit der anderen Hälfte beginnen Sie folgerichtig bei den Füßen einzuschlagen. Ziehen Sie das Marzipan langsam bis kurz vor das Gesicht und sparen Sie – indem Sie die Hand unterlegen – vorsichtig mit einem Messer den Teil des Gesichtes aus. Danach legen Sie den Rest über die Haare.

12. Verbinden Sie das Gesicht mit der Marzipanlage; sie lassen sich mit einem Pinselrücken leicht angleichen.

13. Mischen Sie mit einem Spritzer roter Lebensmittelfarbe eine blaßrosa Glasur und gießen Sie diese über die Form (ohne Haare).

Nehmen Sie für die kleineren Stellen wie das Gesicht und Arme einen Pinsel zur Hilfe.

14. Anschließend wählen Sie eine Haarfarbe; ich bevorzugte Rot, und so mischte ich in einem kleinen Glas etwas Glasur und trug mit einem Pinsel die Haare auf.

15. Malen Sie zum Schluß das Gesicht. Mit einem feinen Pinsel tragen Sie aus dem restlichen Rot den Mund auf und mischen aus roter, grüner und blauer Lebensmittelfarbe eine Art Schwarz für Augenbrauen und Augen. Die Figur ist fertig.

Eine letzte Schwierigkeit besteht darin, die Frau auf das Sofa zu legen, ohne daß der Guß reißt.

Ziehen Sie die Figur vorsichtig bis an den Rand des Tisches (oder von welcher Unterlage auch immer), legen Sie Ihre flache Hand oder ein ebenes Tablett unter und heben so das Objekt unmittelbar über den Diwan. Halten Sie es bis an den Rand der Liege und neigen die Unterlage soweit, daß man die Frau schiebend auflegen kann. Auf keinen Fall einfach hochnehmen und wieder hinlegen – Guß reißt sofort!

Haben Sie noch etwas Ausdauer und einen Rest Marzipan, so geben Sie sich an die Modellierung der Katzen. Hier sind nun wirklich Ihrer Tierliebe keine Grenzen gesetzt.

Spiegelei? Spiegelei!

Laden Sie doch mal wieder ein paar Freunde zum Kaffee ein. Die gute Damasttischdecke und das Meißner Porzellan waren sowieso schon viel zu lange im Schrank. Auch die silbernen Kuchelgabeln und die Kaffeelöffel soll-ten Sie nicht vergessen. Mit diesem Spiegelei in der Pfanne können Sie dann sicher sein, daß Ihre Freunde diesen völlig »vergackeier-ten« Nachmittag so schnell nicht vergessen werden.

1

2

3

4

5

6

7

8

9

1. Rühren Sie hierfür den Plätzchenteig an und geben ihn auf ein Backblech.
2. Schneiden Sie aus dem rohen Teig die Form: Ein unregelmäßiges Oval oder eine nierenförmige Fläche, einen Kreis aus der Hand – so, wie Sie sich das Eiweiß eines Spiegeleis vorstellen.
3. Stechen Sie mit einem mittelgroßen Glas zwei Kreise aus, die Sie übereinander auf die Mitte der unteren Fläche legen.
4. Schrägen Sie die Kreise zum Rand ab.
5. und 6. Wiederholen Sie dies so oft, wie Spiegeleier auf das Blech passen.
7. Sind alle Formen fertig, schieben Sie das Blech in den Ofen und backen den Teig, bis er fest und am Rand leicht gebräunt ist.
8. Rühren Sie mit gelber Lebensmittelfarbe Glasur an und geben diese gleichmäßig auf das Eigelb.
9. Anschließend folgt die weiße Glasur. Da sie beim ersten Guß noch nicht deckt, muß sicher noch zweimal mit weißer Glasur übergossen werden. Versuchen Sie nicht, den Guß an allen Stellen bis zum Rand zu schieben; ohne das wird das Spiegelei noch glaubhafter.

Katerfrühstück

Es gibt Menschen, die trinken gern ein Glas, manche auch drei oder vier und wundern sich auch noch, wenn sie anderntags mit einem Kater aufwachen. Man sitzt ausgeruht am Frühstückstisch, vor einem hockt zusammengefallen so ein unrasiertes Etwas und brummelt unwillig vor sich hin. Jeder Versuch einer Unterhaltung erstirbt in den Ansätzen. Man überlegt, wie lange man das noch mitmachen soll und sinnt nach Rache. Und da diese bekanntlich süß ist, folgt an dieser Stelle ein Vorschlag für ein Katerfrühstück besonderer Art.

Toaster

1. Das Frühstück besteht aus neun Teilen. Für ihre Herstellung benötigen Sie
2. 2 Rührteige mit einem ⌀ von 28 cm und ein Stück von etwa 10 cm aus einer Kastenform.

Ich beginne mit der Beschreibung des Toasters. Dafür brauchen Sie allein einen einfachen Teig. Trotz der schlichten Form empfiehlt es sich, die Umrisse nach einer Schablone auszuschneiden.

1   2   3

3. Schneiden Sie aus den restlichen Teigstücken 2 cm dicke Streifen, um damit den Fuß des Toasters zu modellieren.

4. Trennen Sie, um eine gerade Fläche zu bekommen, von der Vorderseite des Toaster-Blocks die Kruste ab und kleben die Streifen mit Aprikosenmarmelade an die untere Kante.

5. Schneiden Sie eine etwa 1 cm starke Öffnung in die obere Kante.

6 und 7. Rollen Sie 200 g Marzipan aus und schlagen den Rohling darin ein.

8. Schneiden Sie eine 1 cm dicke Scheibe aus dem Teig der Kastenform ab und stecken diese in die Öffnung. Formen Sie aus Mar-

zipan einen Stecker, indem Sie einen Block von 4 × 2 cm nehmen und diesen seitlich mit zwei Fingern etwas zusammendrücken. Entrollen Sie zwei Lakritzrollen, flechten einen Zopf daraus und halten die beiden Ecken in genügendem Abstand über eine Flamme, daß der Lakritz weich wird. Drücken Sie die Streifen fest aneinander und lassen sie erkalten. Nun bohren Sie mit einem Pinselrücken ein Loch in den Marzipanstecker und kleben mit Aprikosenmarmelade und Marzipan das Lakritzkabel fest. Rühren Sie wieder die rosafarbene Glasur an und begießen Sie damit den oberen Teil des Toasters.

Brettchen, Untertasse, Aschenbecher und Hering

Nehmen Sie für diese Teile den zweiten Teig. Auch hierbei empfiehlt es sich, mit Schablonen zu arbeiten. Legen Sie diese zunächst auf den Kuchen und schneiden Sie die Kante ab, aus der später der Hering geformt wird. Dann schneiden Sie den übrigen Kuchen längs durch und formen aus der Oberseite Brettchen und Untertasse, aus der Unterseite den Aschenbecher.

Hering

Den 4 cm-Block verwenden Sie für den Hering. Gebrauchen Sie auch hierfür eine Schablone und schneiden die Umrisse mit 0,5 cm Spiel aus.

Runden Sie die Form ab und lassen den Hering nach vorne und 4 cm vor dem Teigende konisch zulaufen. Arbeiten Sie aus diesen restlichen 4 cm die Schwanzflosse. Setzen Sie das Messer hinten an und schneiden einen dreieckigen Keil heraus. Die Seiten schneiden Sie ebenfalls ab.

Untertasse, Aschenbecher

Wenden Sie sich nun wieder der zukünftigen Untertasse zu. Höhlen Sie mit einem Teelöffel die Oberfläche ca. 1 cm sanft zur Mitte hin aus.

Schneiden Sie danach den unteren Rand mit dem Messer zur Mitte – so dünn wie der Teig es eben aushält, ohne zu brechen.

  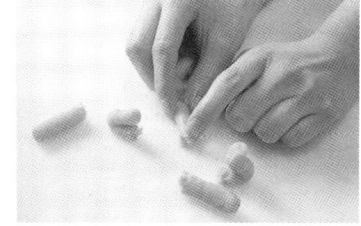

Aus der zweiten Lage des Teiges stellen Sie den Aschenbecher her. Schneiden Sie dazu ein Quadrat, das Sie an allen vier Ecken abschrägen; dann wird ein ca. 2 cm breiter Rand ringsum mit dem Messer eingeritzt. Höhlen Sie mit einem Teelöffel den Teig innerhalb dieser Markierung ca. 1 cm tief aus. Danach kerben Sie in alle vier Ränder eine halbrunde Form, die zur Zigarettenablage dient.

Die Zigarettenkippen werden aus Marzipan gefertigt. Formen Sie eine 0,5 cm dicke, längliche Rolle, schneiden diese nach jeweils 4–5 cm durch und stechen jeweils ein Ende mit dem Zahnstocher mehrere Male ein, so daß eine unebene Oberfläche entsteht. Lassen Sie einige einfach in ihrer Länge bestehen, während andere in der Mitte geknickt werden.

Tasse

Den dritten Teil des Frühstücks stellen Sie aus dem Stück der Kastenform her. Formen Sie daraus die Tasse, das Ei und den Eierbecher.

Wie am Anfang beschrieben, haben Sie einen Block von ca. 12 cm Länge und 11,5 cm Breite vor sich, aus dem Sie für den Toaster bereits eine 1 cm dicke Scheibe abgeschnitten haben. Teilen Sie diesen Block nun in drei Teile. Für den Eierbecher 5,5 × 7 cm, 4 × 4 für das Ei und 5,5 × 5,5 cm für die Tasse. Beginnen wir mit der Beschreibung der Tasse.

1. Schneiden Sie zuerst die vier Ecken des Blocks ab und runden die Form nach unten konisch ab.
2. Nehmen Sie ein Senfglas oder ein kleineres Wasserglas, stülpen es auf die kreisförmige Oberfläche und drücken es leicht ein, so daß eine gut sichtbare Markierung entsteht.
3 und 4. Höhlen Sie den Teig im Inneren der Markierung mit einem Messer oder Teelöffel aus.

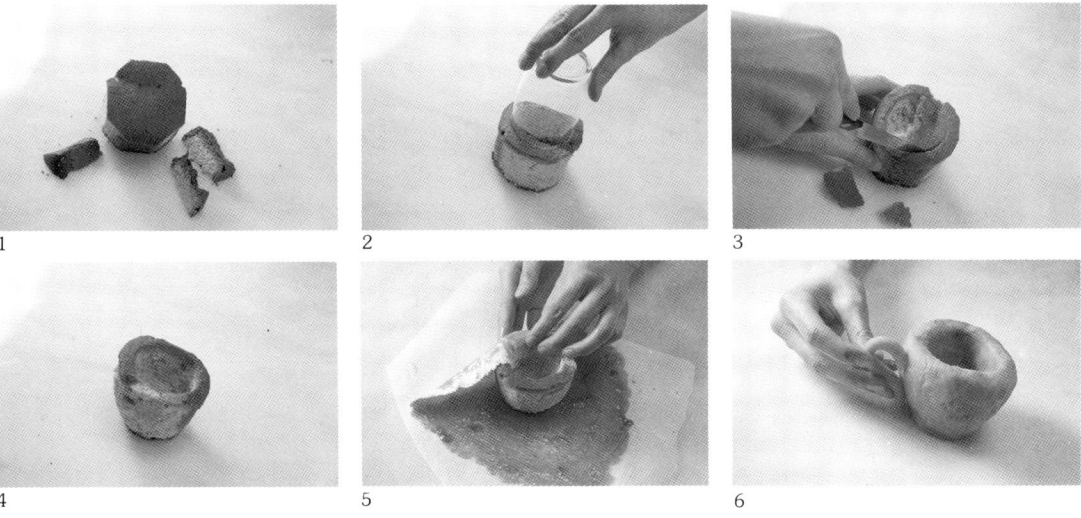

1

2

3

4

5

6

5. Rollen Sie etwas Marzipan aus und schlagen die Tasse darin ein.

6. Formen Sie aus Marzipan eine etwa 10 cm lange Rolle zur Herstellung des Henkels.

Krümmen Sie die Rolle wie einen Fleischerhaken und drücken Sie seitlich an die Tasse.

Eierbecher

1   2   3

1. Gehen Sie nun an die Ausarbeitung des Eierbechers. Schneiden Sie zuerst die Kanten des 7 × 5,5 cm Blocks so exakt wie möglich und höhlen danach mit einem Teelöffel einen Kreis von ca. 4,5 cm ∅ aus. Die Tiefe sollte etwa 3 – 4 cm betragen.

2. Nehmen Sie nun den Block, der für das Ei bestimmt war und runden ihn zu einem Zylinder ab.

3. Schneiden Sie oben und unten den Teig konisch zu, so daß die ovale Form des Eis entsteht.

Nun haben Sie alle Teile, die aus dem Teig hergestellt werden, fertig. Formen Sie zum Schluß aus Marzipan ein Messer. Rollen Sie ein 0,5 cm dickes Stück aus, legen ein einfaches Eßmesser darauf und schneiden die Umrisse aus. Nehmen Sie ein scharfes Arbeitsmesser und schneiden vorsichtig bis zur Hälfte des zugeschnittenen Teils, also dort, wo der Griff beginnt, das Marzipan in der Länge durch. So hat das Messer eine Klinge. Wollen Sie dem Griff noch eine Verzierung geben, drücken Sie das Marzipan in der Mitte leicht ein und schneiden den Ansatz beider Kanten mit 1 cm leichten Rundungen nach innen. Rollen Sie nun das Marzipan aus und schlagen die restlichen Teile außer dem Aschenbecher ein.

Rühren Sie sich aus Puderzucker und Lebensmittelfarbe verschiedenfarbige Glasuren an und gießen die Teile. Auf den Aschenbecher habe ich die rote Glasur direkt gegossen, um ein wenig Struktur zu erhalten. Die Zigaretten haben einen orangefarbenen Filter, entsprechend weißes Papier und etwas Grau für die Asche. Danach habe ich sie in den Aschenbecher gelegt. Der Fisch bekam seine Schuppen mit einem Pinsel und dunkelblauer Glasur.

In die Tasse können Sie als Gag entweder echten Kaffee mit Sahne gießen oder braune Puderzuckerglasur und einen Schuß Sahne obendrauf.

Mengenangaben

Vorsicht! Kamera!

Das Rührteigrezept befindet sich auf Seite 68
100 g Aprikosenmarmelade
200 g Marzipan
500 g Puderzucker
(in der hier angegebenen Puderzuckermenge
    sind 250 g zum Marzipankneten enthalten)
der Saft von 1 Zitrone
1 Pckg. Lebensmittelfarbe
1 Lakritzschnecke
1 Pckg. Silberstreusel
1 Lakritzbonbon (möglichst weiß)
2 Vierkantlakritzbonbons
1 gelbe Liebesperle

Karpfen blau

Das Rührteigrezept befindet sich auf Seite 68
2 Bund Petersilie
250 g Zucker
250 g Sahnequark
580 ml Heidelbeeren (im Glas)
700 g Marzipan
225 g Aprikosenmarmelade
750 g Puderzucker
(in der hier angegebenen Puderzuckermenge
    sind 250 g zum Marzipankneten enthalten)
der Saft von 2 Zitronen
1 Pckg. Lebensmittelfarbe
1 Bonbonkette
1 Lakritzbonbon
oder 1 Lakritzschnecke

Das lachende Krokodil

Das Rührteigrezept befindet sich auf Seite 68
200 g Marzipan
50 g Aprikosenmarmelade
500 g Puderzucker
der Saft von 2 Zitronen
1 Pckg. Lebensmittelfarbe
1 weißes Haribobonbon
1 bunte Zuckerstange
1 kg brauner Zucker
1 Sperrholzplatte 25 × 25 cm

Froschkönig

Das Rührteigrezept befindet sich auf Seite 68
300 g Marzipan
100 g Aprikosenmarmelade
500 g Puderzucker
(in der hier angegebenen Puderzuckermenge
    sind 250 g zum Marzipankneten enthalten)
der Saft von 1 Zitrone
1 Pckg. Lebensmittelfarbe
2 gefüllte Bonbons
Lakritz
1 Pckg. Schokoraspeln
1 Pckg. Silberstreusel

Inschallah

Das Bisquitteigrezept befindet sich auf Seite 68
    (verdoppeln Sie die Menge).

1125 g Sahne
1 Packg. Sahnesteif
250 g Erdbeeren
1 Banane
2 Negerküsse
4 Zuckerstangen
1 Pckg. Götterspeise (rot)
1 Btl. Kokosmakronen
1 Btl. Silberstreusel
verschiedene bunte Bonbons
200 g Marzipan
3 Weingummistangen
1 kg Zucker
1 Mondbonbon
1 Pckg. Puderzucker

Telephon

Das Rührteigrezept befindet sich auf Seite 68
100 g Aprikosenmarmelade
400 g Marzipan
1 Pckg. Lebensmittelfarbe
650 g Puderzucker
(in der hier angegebenen Puderzuckermenge
   sind 250 g zum Marzipankneten enthalten)
der Saft von 1½ Zitronen
12 viereckige Lakritzbonbons
1 Pckg. Zuckerglasur aus der Tube
2–3 Spagettiweingummi

Mein Name ist Hase

Das Rührteigrezept befindet sich auf Seite 68
100 g Aprikosenmarmelade
500 g Marzipan
200 g weiße Schokoladencouvertüre
1 Pckg. Nußkrokant
oder 1 Pckg. Haselnußsplitter
500 g Puderzucker
(in der hier angegebenen Puderzuckermenge
   sind 250 g zum Marzipankneten enthalten)

der Saft von 1 Zitrone
1 Pckg. Lebensmittelfarbe
2 orangefarbene Karamelbonbons
1 Lakritzschnecke
4 gelbe Liebesperlen
15–20 weiße Liebesperlen

Naschkatze im Streuselmond

Das Rührteigrezept befindet sich auf Seite 68
100 g Aprikosenmarmelade
400 g Marzipan
750 g Puderzucker
(in der hier angegebenen Puderzuckermenge
   sind 250 g zum Marzipankneten enthalten)
der Saft von 2 Zitronen
1 Pckg. Lebensmittelfarbe
1 Pckg. Silberstreusel

Freitag

Das Rührteigrezept befindet sich auf Seite 68;
   verwenden Sie entweder einen Rührteig
   oder crazy up-cake (Seite 69).
100 g Aprikosenmarmelade
600 g Schokoladencouvertüre
2 gelbe ovale Bonbons
oder gelbe Ostereier
1 kleines Stück (ca. 50 g) Marzipan für die
   Nase und die Zunge
1 Pckg. Lebensmittelfarbe
1 Vierkant aus Lakritz
1 rotes Schleifenband

Knochenkunst

Das Rührteigrezept befindet sich auf Seite 68
100 g Aprikosenmarmelade
500 g Marzipan
500 g Puderzucker**

(in der hier angegebenen Puderzuckermenge
    sind 250 g zum Marzipankneten enthalten)
der Saft von 1 Zitrone
**oder 250 g weiße Schokoladencouvertüre
1 Pckg. Lebensmittelfarbe
100 g Schokoladencouvertüre
2 gelbe Liebesperlen
1 rote Liebesperle

Teddybär

Das Rührteigrezept befindet sich auf Seite 68
100 g Aprikosenmarmelade
300 g Marzipan
200 g weiße Schokoladencouvertüre
300 g braune Schokoladencouvertüre
1 Pckg. bunte Schokoladenstreusel
2 ovale gefüllte Bonbons
1 viereckiges Lakritzbonbon

Alle meine Entchen

Das Rührteigrezept befindet sich auf Seite 68
100 g Aprikosenmarmelade
400 g Marzipan
500 g Puderzucker
(in der hier angegebenen Puderzuckermenge
    sind 250 g zum Marzipankneten enthalten)
1 Pckg. Lebensmittelfarbe
der Saft von 1 Zitrone
1 weißes Lakritzbonbon
1 Pckg. bunte Zuckerstreusel

Der Hausfrauenkuchen

Das Rezept des Plätzchenteiges befindet sich
    auf Seite 68; der Rührteig auf Seite 68
100 g Aprikosenmarmelade
1000 g Marzipan
1250 g Puderzucker

(in der hier angegebenen Puderzuckermenge
    sind 250 g zum Marzipankneten enthalten)
1 Btl. Lakritzbonbons
oder lose 1–3 gefüllte Lakritzstangen
1 Pckg. Lebensmittelfarbe
der Saft von 4 Zitronen

VW

Das Rührteigrezept befindet sich auf Seite 68
100 g Aprikosenmarmelade
300 g Marzipan
500 g Puderzucker
(in der hier angegebenen Puderzuckermenge
    sind 250 g zum Marzipankneten enthalten)
der Saft von 1 Zitrone
1 Pckg. Lebensmittelfarbe
2 weiße Pfefferminzschokolinsen
1 Pckg. Silberstreusel
10–15 Silberpastillen
1 runde Backoblade
2–3 Himbeerbonbons

Mutter Schwein

Das Rührteigrezept befindet sich auf Seite 68
100 g Aprikosenmarmelade
800 g Marzipan (auch für das Stroh)
750 g Puderzucker
(bei der hier angegebenen Puderzuckermenge
    sind 250 g zum Marzipankneten enthalten)
den Saft von 2 Zitronen
1 Pckg. Lebensmittelfarbe
1 kg brauner Zucker
1 Holzplatte von 35 × 35 cm

King Kong

Das Rührteigrezept befindet sich auf Seite 68
200 g Marzipan

100 g Aprikosenmarmelade
400 g Schokoladencouvertüre
1 Pckg. Schokostreusel (ca. 200 g)
2 gelbe Liebesperlen
2 viereckige Lakritzbonbons

Chita

Das Rührteigrezept befindet sich auf Seite 68;
   halbieren Sie die dort angegebene Menge.
1 Teelöffel Aprikosenmarmelade
100 g Marzipan
100 g Schokolade-Kuvertüre
1 P Schokostreusel
2 gelbe Liebesperlen

Tiger im Leib

Das Rührteigrezept befindet sich auf Seite 68
100 g Aprikosenmarmelade
800 g Marzipan
1300 g Puderzucker
(bei der hier angegebenen Puderzuckermenge
   sind 250 g zum Marzipankneten enthalten)
den Saft von 4½ Zitronen
1 Pckg. Lebensmittelfarbe
1 gelbes gefülltes Lakritzbonbon (Augen)
1 Pckg. Lakritzschnecken (ca. 10 Stück)

Teufel, Teufel!

Das Rührteigrezept befindet sich auf Seite 68
100 g Aprikosenmarmelade
400 g Marzipan
650 g Puderzucker
(bei der hier angegebenen Puderzuckermenge
   sind 250 g zum Marzipankneten enthalten)
den Saft von 2 Zitronen
1 Pckg. Lebensmittelfarbe
1 Eiswaffel (aus dem Kühlschrank)

roter Puderzucker aus der Tube
1 Pckg. Schokostreusel
1 Pckg. bunte Liebesperlen

Weihnachtsmann

Das Rührteigrezept befindet sich auf Seite 68
400 g Marzipan
100 g Aprikosenmarmelade
550 g Puderzucker
(hierin sind 250 g zum Marzipankneten
   enthalten)
der Saft von 1½ Zitronen
1 Pckg. Lebensmittelfarbe
4–6 bunte Bonbons
1 gefüllte Lakritzstange
1 Pckg. Silberstreusel
1 Dose Sprühsahne

Ein dicker Kuß

Das Rührteigrezept befindet sich auf Seite 68
200 g Schokoladencouvertüre
250 g süße Sahne
720 ml Sauerkirschen (im Glas)
100 g Aprikosenmarmelade
400 g Marzipan
1 Pckg. Lebensmittelfarbe
750 g Puderzucker
(hierin sind 250 g zum Marzipankneten
   enthalten)
der Saft von 2 Zitronen

Im Boxring

Das Rührteigrezept befindet sich auf Seite 68
100 g Aprikosenmarmelade
125 g Sahnequark
250 g Mandarinen (frisch oder aus der Dose)
2 Teel. Zucker

2 Teel. Milch
300 g Marzipan
500 g Puderzucker
(hierin sind 250 g zum Marzipankneten
    enthalten)
der Saft von 1 Zitrone
1 Pckg. Lebensmittelfarbe
3 Lakritzschnecken
2 gefüllte Lakritzrollen

Gitarre – aber heiß

Das Rezept für den Plätzchenteig befindet sich
    auf Seite 68
100 g Aprikosenmarmelade
600 g Marzipan
500 g Puderzucker
(hierin sind 250 g zum Marzipankneten
    enthalten)
1 Pckg. Lebensmittelfarbe
der Saft von 1 Zitrone
100 g Schokoladencouvertüre
2 Schokoladenblätter
4 Lakritzvierkante
4 Spagettiweingummischnüre
5 gefüllte Lakritzstangen
1 Btl. Lakritzbonbons
1 Pckg. Silberpastillen

Saxophon

Das Rührteigrezept befindet sich auf Seite 68
100 g Aprikosenmarmelade
400 g Marzipan
750 g Puderzucker
(hierin sind 250 g zum Marzipankneten
    enthalten)
der Saft von 2 Zitronen
1 Pckg. Lebensmittelfarbe
8 Silberpastillen
2 viereckige Lakritzbonbons

1 Smartie
4 gefüllte Lakritzstangen
1 Pckg. Silberstreusel
eine Schnur Spagettiweingummi

Der Ausflug

Das Rührteigrezept befindet sich auf Seite 68
100 g Aprikosenmarmelade
400 g Marzipan
750 g Puderzucker
(hierin sind 250 g zum Marzipankneten
    enthalten)
der Saft von 2 Zitronen
1 Pckg. Lebensmittelfarbe
2 Himbeerdrops
1 Lakritzschnecke
einige oval geformte Mandelblätter
1 Pckg. Silberstreusel

Flug New York 737

Das Rührteigrezept befindet sich auf Seite 68
100 g Aprikosenmarmelade
400 g Marzipanrohmasse
550 g Puderzucker
(hierin sind 250 g zum Marzipankneten
    enthalten)
1 Pckg. Lebensmittelfarbe
der Saft von 1½ Zitronen
1 Btl. Schokolinsen
1 Pckg. Pfefferminzpastillen (Kaugummi)

Schneemann

Das Rührteigrezept befindet sich auf Seite 68
200 g Marzipan
50 g Aprikosenmarmelade
100 g Puderzucker
der Saft einer ½ Zitrone

1 Pckg. Lebensmittelfarbe
¼ Pfund Erdbeeren
500 g Sahne
1 Pckg. Sahnesteif
4 Lakritzvierkante
8–10 Rosinen (getrocknete)
5 Lakritzschnecken
500 g Zucker
1 Holzstab (z. B. chinesisches Stäbchen)

Sonnenbad

Das Rührteigrezept befindet sich auf Seite 68
225 g Aprikosenmarmelade
600 g Marzipan
1000 g Puderzucker
(250 g zum Marzipankneten sind enthalten)
der Saft von 4 Zitronen
1 Pckg. Lebensmittelfarbe
1 Lakritzschnecke
1 viereckiges Lakritzbonbon (für die Sonnen-
    brille)
1 Pckg. Liebesperlen
1 kg brauner Zucker

Americake

Das Rührteigrezept befindet sich auf Seite 68
500 g Marzipan
100 g Aprikosenmarmelade
1000 g Puderzucker
(250 g zum Marzipankneten sind enthalten)
der Saft von 3 Zitronen
1 Pckg. Lebensmittelfarbe
1 Stück dickere Pappe (Europappe)

Im Discofieber

Das Rührteigrezept befindet sich auf Seite 68
100 g Aprikosenmarmelade

400 g Marzipan
600 g Puderzucker
(250 g zum Marzipankneten sind enthalten)
der Saft von 1½ Zitronen
1 Pckg. Lebensmittelfarbe

Junges Gemüse

Das Rührteigrezept befindet sich auf Seite 68
2 Eßl. zerkleinerten Kandiszucker oder
2 Eßl. körniges Salz
100 g Marzipan für die Stiele
1 Pckg. Lebensmittelfarbe
1250 g Puderzucker (hierin sind 250 g zum
    Marzipankneten enthalten)
der Saft von 4 Zitronen

Herzchen

Das Rezept für die Haselnußtorte finden Sie
    auf Seite 69
100 g Aprikosenmarmelade
400 g Marzipan
600 g Puderzucker
(250 g zum Marzipankneten sind enthalten)
der Saft von 1½ Zitronen
4 Lakritzschnecken
2 Bonbonketten
einige Smarties
1–2 Beutel Lakritzbonbons
200 g Lakritzpatronen
1 Pckg. Lebensmittelfarbe

Diva

Das Rührteigrezept befindet sich auf Seite 68
100 g Aprikosenmarmelade
400 g Marzipan
500 g Puderzucker
(250 g zum Marzipankneten sind enthalten)

der Saft von 1 Zitrone
1 Pckg. Lebensmittelfarbe
1 Pckg. Silberstreusel
1 Pckg. bunter Zuckerstreusel

Bruder Lustig

Das Rührteigrezept befindet sich auf Seite 68
100 g Aprikosenmarmelade
500 g Marzipan
300 g Schokoladencouvertüre
3 Lakritzschnecken
350 g Puderzucker
(hierin sind 250 g zum Marzipankneten
  enthalten)
1 Pckg. Lebensmittelfarbe

Friedenstorte

Das Bisquittortenrezept befindet sich auf
  Seite 68
3 Eßl. Kakao
1 Fl. Kirschwasser zum Tränken der Böden
250 g Kirschmarmelade
500 g süße Sahne
2 × 720 ml Sauerkirschen (im Glas)
250 g Erdbeeren
700 g Marzipan
1000 g Puderzucker
(hierin sind 250 g zum Marzipankneten
  enthalten)
der Saft von 4 Zitronen
1 Pckg. Lebensmittelfarbe

Boudoir

Das Rührteigrezept befindet sich auf Seite 68
  (verdoppeln Sie die Menge)
200 g Aprikosenmarmelade

800 g Marzipan
850 g Puderzucker
(hierin sind 250 g zum Marzipankneten
  enthalten)
der Saft von 2½ Zitronen
1 Pckg. Lebensmittelfarbe
1 Zahnstocher
1 buntes Bonbon

Spiegelei? Spiegelei!

Das Rezept für den Plätzchenteig befindet sich
  auf Seite 68
Für 1 Spiegeleiplätzchen benötigen Sie
125 g Puderzucker, davon 25 g gelbe Glasur
und 100 g weiße Glasur
1 Pckg. Lebensmittelfarbe
der Saft von ½ Zitrone

Katerfrühstück

Das Rührteigrezept befindet sich auf Seite 68
  gesonderte Mengenangabe für 2½ Rührteige:
600 g Butter
600 g Zucker
10 Eier
Zitronenschale
etwas weniger als ⅜ l Milch
1 Prise Salz
1250 g Mehl
1 Päckchen Backpulver

225 g Aprikosenmarmelade
600 g Marzipan
1 Pckg. Lebensmittelfarbe
1000 g Puderzucker
(hierin sind 250 g zum Marzipankneten enthalten)
der Saft von 3 Zitronen
2 Ostereierbonbons, 2 gelbe Liebesperlen
3 Lakritzschnecken, 2 Lakritzvierkante